U0516491

印 顺 法 师 佛 学 著 作 系 列

印度之佛教

释印顺 著

中华书局

图书在版编目(CIP)数据

印度之佛教/释印顺著. —北京:中华书局,2011.4(2022.11 重印)

(印顺法师佛学著作系列)

ISBN 978-7-101-07850-3

Ⅰ.印… Ⅱ.释… Ⅲ.佛教史-研究-印度 Ⅳ.B949.351

中国版本图书馆 CIP 数据核字(2011)第 036974 号

经台湾财团法人印顺文教基金会授权出版

书 名	印度之佛教	
著 者	释印顺	
丛 书 名	印顺法师佛学著作系列	
责任编辑	陈 平	
责任印制	管 斌	
出版发行	中华书局	
	(北京市丰台区太平桥西里 38 号 100073)	
	http://www.zhbc.com.cn	
	E-mail:zhbc@zhbc.com.cn	
印 刷	三河市鑫金马印装有限公司	
版 次	2011 年 4 月第 1 版	
	2022 年 11 月第 3 次印刷	
规 格	开本/880×1230 毫米 1/32	
	印张 8¼ 插页 2 字数 172 千字	
印 数	6001-7000 册	
国际书号	ISBN 978-7-101-07850-3	
定 价	38.00 元	

"印顺法师佛学著作系列"出版说明

释印顺（1906—2005），当代佛学泰斗，博通三藏，著述宏富，对印度佛教、中国佛教的经典、制度、历史和思想作了全面深入的梳理、辨析与阐释，取得了一系列重要学术成果，成为汉语佛学研究的杰出典范。同时，他继承和发展了太虚法师的人生佛教思想，建立起自成一家之言的人间佛教思想体系，对二十世纪中叶以来汉传佛教的走向产生了深刻影响，受到佛教界和学术界的的高度重视。

经台湾印顺文教基金会授权，我局于 2009 年出版《印顺法师佛学著作全集》(23 卷)，系统、全面地介绍了印顺法师的佛学研究成果和思想，受到学术界、佛教界的广泛欢迎。应读者要求，我局今推出"印顺法师佛学著作系列"，将印顺法师的佛学著作以单行本的形式逐一出版，以满足不同领域读者的研究和阅读需要。为方便学界引用，《全集》和"系列"所收各书页码完全一致。

"印顺法师佛学著作系列"的编辑出版以印顺文教基金会提供的台湾正闻出版社出版的印顺法师著作为底本，改繁体竖排为简体横排。以下就编辑原则、修订内容,以及与正闻版的区别等问题,略作说明。

编辑原则

编辑工作以尊重原著为第一原则,在此基础上作必要的编辑加工,以符合大陆的出版规范。

修订内容

由于原作是历年陆续出版的,各书编辑体例、编辑规范不一。我们对此作了适度统一,并订正了原版存在的一些疏漏讹误,主要包括以下几项:

1. 原书讹误的订正:

正闻版的一些疏漏之处,如引文、纪年换算、人名、书名等,本版经仔细核查后予以改正。

2. 标点符号的订正:

正闻版的标点符号使用不合大陆出版规范处甚多,本版作了较大幅度的订正。特别是正闻版对于各书中出现的经名、品名、书名、篇名,或以书名号标注,或以引号标注,或未加标注;本版则对书中出现的经名(有的书包括品名)、书名、篇名均以书名号标示,以方便读者。

3. 梵巴文词汇的删削订正:

正闻版各册(特别是专书部分)大都在人名、地名、名相术语后一再重复标出梵文或巴利文原文,不合同类学术著作惯例,且影响流畅阅读。本版对梵巴文标注作了适度删削,同时根据《望月佛教大辞典》、平川彰《佛教汉梵大辞典》、荻原云来《梵和大辞典》等工具书,订正了原版的某些拼写错误。

4.原书注释中参见作者其他相关著作之处颇多,为方便读者查找核对,本版各书所有互相参见之处,均分别标出正闻版和本版两种页码。

5.原书中有极少数文字不符合大陆通行的表述方式,征得著作权人同意,在不改变文义的前提下,略作删改。

印顺法师佛学著作对汉语佛学研究有极为深广的影响,同时在国际佛学界的影响也日益突出。我们希望"印顺法师佛学著作系列"的出版,有助于推进我国的佛教学以及相关学科的研究。

中华书局编辑部

二〇一一年三月

目　　录

自　序

——编述之缘起、方针与目的

　　佛教之末流，病莫急于"好大喜功"。好大则不切实际，偏激者夸诞，拟想者附会，美之曰"无往而不圆融"。喜功则不择手段，淫猥也可，卑劣也可，美之曰"无事而非方便"。圆融方便，昔尝深信不疑，且以此为佛教独得之秘也。七七军兴，避难来巴之缙云山。间与师友谈，辄深感于中国佛教之信者众，而卒无以纾国族之急，圣教之危，吾人殆有所未尽乎！乃稍稍反而责诸己。

　　民国二十七年冬，梁漱溟氏来山，自述其学佛中止之机曰"此时、此地、此人"。吾闻而思之，深觉不特梁氏之为然，宋明理学之出佛归儒，亦未尝不缘此一念也。佛教之遍十方界，尽未来际，度一切有情，心量广大，非不善也。然不假以本末先后之辨，任重致远之行，而竟为"三生取办"、"一生圆证"、"即身成佛"之谈，事大而急功，无惑乎佛教之言高而行卑也！吾心疑甚，殊不安。时治唯识学，探其源于《阿含经》，读得"诸佛皆出人间，终不在天上成佛也"句，有所入。释尊之为教，有十方世界而详此土，立三世而重现在，志度一切有情而特以人类为本。

释尊之本教,初不与末流之圆融者同,动言十方世界,一切有情也,吾为之喜极而泪。

二十九年,游黔之筑垣,张力群氏时相过从。时太虚大师访问海南佛教国,以评王公度之"印度信佛而亡",主"印度以不信佛而亡",与海南之同情王氏者辩。张氏闻之,举以相商曰:"为印度信佛而亡之说者,昧于孔雀王朝之崇佛而强,固不可。然谓印度以不信佛而亡,疑亦有所未尽。夫印度佛教之流行,历千六百年,时不为不久;遍及五印,信者不为不众,而末流所趋,何以日见衰竭? 其或印度佛教之兴,有其可兴之道;佛教之衰灭,末流伪杂有以致之乎?"余不知所以应,姑答以"容考之"。释慧松归自海南,道出筑垣,与之作三日谈。慧师于"无往不圆融"、"无事非方便",攻难甚苦。盖病其流风之杂滥,梵佛一体而失佛教之真也。

自尔以来,为学之方针日定,深信佛教于长期之发展中,必有以流变而失真者。探其宗本,明其流变,抉择而洗炼之,愿自治印度佛教始。察思想之所自来,动机之所出,于身心国家实益之所在,不为华饰之辩论所蒙,愿本此意以治印度之佛教。

治印度佛教不易,取材于迻译之经论,古德之传记,支离破碎甚,苦无严明条贯之体系足资依循。察印度佛教之流变,自其事理之特征,约为五阶而束之为三时。三时之证有四:

一、经典之暗示:声闻藏不判教。性空大乘经判小、大二教,以空为究竟说。真常与唯心之大乘经判三教:初则详无常、实有之声闻行;次则说性空、幻有之菩萨行;后则说真常、妙有(不空)之如来行,以空为不了义。昔以一切经为佛说,则三者为如来说教之次第;今以历史印证之,则印度佛教发展之遗痕也。

二、察学者之从违:凡信声闻藏者,或有不信大乘经为佛说;信大乘经者,必信声闻藏。信声闻及大乘性空经者,多有拒斥"真常论"与"唯心论";信"真常唯心论"者,必以空为佛说。此以后承于前故必信;前者不详后,见后说之有异于前,故或破之。

三、符古德之判教:印华古德之约理以判教者,并与此三期之次第合。尝为《三期佛教与判教》一文,揭之于《海潮音》(见二十二卷十二期)。

四、合传译之次第:"经"则自汉迄东晋之末,以《般若》、《法华》(以《法华》为真常论,隋智者牵合于《涅槃》而后盛说之。前此之宋慧观、梁法云辈,不闻此说)、《十地》、《净名》、《首楞严三昧经》等为盛,并性空之经也。东晋末,觉贤译《如来藏经》;北凉昙无谶译《涅槃》、《金光明》、《大集》;刘宋求那跋陀罗译《楞伽》、《深密》、《法鼓》、《胜鬘经》,真常与唯心之经,东来乃日多。以言"论",西晋竺法护创译龙树之性空论。北魏、宋、齐、梁间乃有弥勒、无著、坚慧等真常与唯心论。传说之《大乘起信论》,则谓出于陈真谛之译。

印度之佛教,初则无常论盛行,中则性空论,后乃有真常论盛行,参证史迹有如此,不可以意为出入也。印度佛教之仅存者,多断片,支离破碎甚,吾人实无如之何。欲为印度佛教史之叙述,惟有积此支离破碎之片断,以进窥错综复杂之流变。离此,实无适当之途径可循。

印度佛教发展之全貌,时贤虽或有异说,而实大体从同。即此以探其宗本,自流变以批判其臧否,则以佛教者行解之庞杂,势必纷呶不已。海南佛教者,以声闻行为究竟;藏卫来者,以"无上瑜伽"为特高。中国佛教之传统学者,以"真常论"为根基("三论"、"天台"融真常于性空,"唯识"则隐常于真常。"贤"、"禅"、"密"为彻底之真常者。"净"则随学者所学而出入之)。兹不暇辩诘,请直述研求之所见:"佛教乃内本释尊之特见,外冶印度文明以创立者。"故流变之印度佛教,有反释尊之特见者,辟之可也。非适应无以生存,其因地、因时、因人而间不同者,事之不可免,且毋宁视为当然。以是,海南佛教者忽视佛教正常之开显,方便之适应,指责一切大乘道,非佛意也。然"方便"云云,或为正常之适应,或为畸形之发展,或为毒素之羼入,必严为料简,正不能率以"方便"二字混滥之。

释尊之特见,标"缘起无我说",反吠陀之常我论而兴。后期之佛教,日倾向于"真常、唯心",与常我论合流。直就其理论观之,虽融三明之哲理,未见其大失;即绳墨之,亦见理未彻,姑为汲引婆罗门(印度教)而谈,不得解脱而已。若即理论之圆融方便而见之于事,则印度"真常论"者之末流,融神秘、欲乐而成邪正杂滥之梵佛一体。在中国者,末流为三教同源论,冥锓祀祖,扶鸾降神等,无不渗杂于其间。"真常唯心论",即佛教之梵化,设以此为究竟,正不知以何为释尊之特见也!

印度之佛教,自以释尊之本教为淳朴、深简、平实。然适应时代之声闻行,无以应世求,应学释尊本行之菩萨道。中期佛教之缘起性空(即缘起无我之深化),虽已启梵化之机,而意象多允当。龙树集其成,其说菩萨也:1.三乘同入无余涅槃而发菩提心,其精神为"忘己为人"。2.抑他力为卑怯,"自力不由他",

其精神为"尽其在我"。3.三阿僧祇劫有限有量,其精神为"任重致远"。菩萨之真精神可学,略可于此见之。龙树有革新僧团之志,事未成而可师。能立本于根本佛教之淳朴,弘阐中期佛教之行解(梵化之机应慎),摄取后期佛教之确当者,庶足以复兴佛教而畅佛之本怀也欤!

中国佛教为"圆融"、"方便"、"真常"、"唯心"、"他力"、"顿证"之所困,已奄奄无生气;"神秘"、"欲乐"之说,自西而东,又日有泛滥之势。乃综合所知,编《印度之佛教》为诸生讲之。僻处空山,参考苦少,直探于译典者多;于时贤之作,惟内院出版之数种,商务本之《佛教史略》《印度哲学宗教史》而已。不复一一注出,非掠美也。书成,演培、妙钦、文慧等诸学友劝以刊行,且罄其仅有之一切为刊费,心不忍却,允之。得周君贯仁、蒙君仁慈为任校印之责。学友之热忱可感有如此,令人忘其庸病矣!

民国三十一年十月三日,印顺自序于合江法王学院。

第一章　印度佛教流变概观

佛教创始于印度释迦牟尼佛，乃释尊本其独特之深见，应人类之共欲，陶冶印度文化而树立者。其在印度，凡流行千六百年而斩。因地而异，因人而异，因时而异，离合错综极其变。法海汪洋，入之者辄莫知方隅焉。试聚世界佛徒于一堂，叩其所学，察其所行，则将见彼此之不同，远出吾人意料外。此虽以适应异族文化而有所变，然其根本之差别，实以承受印度之佛教者异也。以是欲知佛教之本质及其流变，应于印度佛教中求之。

佛教乃内本释尊之特见，外冶印度文明而创立者，与印度固有之文明，关涉颇深。故欲为印度佛教流变之鸟瞰，应一审佛教以前印度文明之梗概。

印度文明之开发者，为印欧族之雅利安人（白种之一支）。

一、初自西北移入印度，于佛元前十二世纪至六世纪顷①，以五河地方为中心，逐先住之达罗毗荼族（棕种之一支）等于南方而

---

① 本书所说"佛元"（佛教以佛灭计年），乃依中国旧传，阿育王即位于佛灭百十六年说。阿育王即位，有确切之年代可依（学者间犹有二、三年之出入），今依之推定：佛灭于西元前三八九年。此说乃北方说一切有部等所共传；别有上座部所传，阿育王即位于佛灭百六十年说；赤铜镍部所传，阿育王即位于佛灭二百十八年说。

居之。其被虏获者,呼为首陀罗,即奴隶族也。当时之雅利安人,崇敬日月等自然神,事火,祭祀赞神而述其愿求。怀德畏威,神格尚高洁。崇神之目的,如战争胜利、畜牧繁殖,乃至家庭和谐、身心健康,概为现实人生之满足。来生之观念,虽有而未详晰。其末期,已有自哲学之见地,开始为宇宙人生之解说者。代表印度最古文化之《梨俱吠陀》,即此期之作品,可谓之"吠陀创始时代"。

二、次于佛元前六世纪至三世纪顷,雅利安人以阎牟那河上流之拘罗地方为中心,厚植其势力,婆罗门教之"中国",即此。次又东南下而达恒河之下流,舍卫国以东,特以邻接缅藏区之民族,多有黄色人种,然亦为所征服。此时之雅利安人,受被征服者秘密思想之熏染,幽灵密咒之崇拜大盛。婆罗门高于一切,以祭祀为万能,以神鬼为工具而利用之,神格日以卑落。好表征,重仪式,确立四姓之制(生死流转之说起于此时),于现实人生之无限满足外,转为来生天国之要求,此可谓之"梵教极盛时代"。

三、自佛元前二、三世纪以来,雅利安文明渐南达德干高原,且遍及于全印。然南印民族,渐受梵化而非武力之征服。其恒河下流,富有黄种血统之民族,受吠陀文化之诱发,文事大启。摩竭陀之悉苏那伽王朝,且渐为印度之政治重心。婆罗门教之中国,反退为边地矣! 时东方有为之民族,以久受吠陀文化之熏习,多以雅利安人之刹帝利自居,而实未尽然。如《巴达耶那法经》说:摩竭陀人,韦提希人,悉非雅利安人也。吠陀受黄种文明之潜化,不复以祭祀万能、生天永乐之思想为满足,乃演为达本穷理之学。承《吠陀》、《梵书》而起之《奥义书》,于婆罗门教隐含否定之机。于"梵行"(幼年学业)、"家住"(主持家业)之上,加以"林栖"、"遁世"之苦行生活。于祭祀生天之上,创真我解脱之说。我性本净,如何离尘垢而契入梵我之实体? 要以克制情欲之"苦行",集中意志之"瑜伽",外苦形骸而内离妄念,念表征梵我之"唵",则达真我超越之解脱。承此反吠陀倾向之暗流而开展之,乃产生多种出家之沙门团,多以严酷之苦行求解脱,而成风行一时之反吠陀潮流,此可谓之"教派兴起时代"。雅利安文明受异族文化之同化于前,反抗于后,婆罗门教乃为之一时衰落也。

东方新兴民族之勃起,虽衍出反吠陀之潮流,而以气候酷暑,受东南滨海民族之影响,颇嫌于神秘、苦行、极端。释尊乃乘时而兴,来自雪山之麓。慈和不失其雄健,深思而不流于神秘,淡泊而薄苦行,创佛教,弘正法于恒河两岸。所弘之正法,以"缘起"为本。即世间为相依相资之存在,无神我为世界之主宰,亦无神我为个人之灵体也。以世间为无我之缘起,故于现实人生之佛教,反侵略而歌颂无诤;辟四姓阶级而道平等。于未来生天之佛教,崇善行以代祭祀万能,尊自力以斥神力、咒力。于究竟解脱之佛教,以不苦不乐为中道行;不以瑜伽者之狂禅为是,而以戒为足,以慧为目。释尊之教化,虽以适应时代思潮,特重于出家(己利、解脱为重)之声闻。然释尊自身,则表现悲智之大乘,中和雄健,与弟子同得真解脱,而佛独称"十力大师"也。佛于反吠陀之学流中,可谓月朗秋空,繁星失照矣! 此第一期之佛教,可曰"声闻为本之解脱同归"。

释尊入灭已,下迄佛元四百年,佛教以孔雀王朝之崇信,渐自恒河流域而分化各方。东之大众系,自毗舍离而央掘多罗、乌荼而远化南印,后又沿西海滨北来。西之上座系,以摩偷罗为中心,或深入北方而至罽宾;或沿雪山麓而东化;或西南抵阿槃提、摩腊婆,且远化于锡兰。以分化一方,语文、师承、环境之异,学派之分流日甚。然分化之主因，实为大乘入世倾向之勃发。其见于辩论者，崇兼济，则有佛菩萨圣德之诤；求适应，则有律重根本之诤；阐旧融新，则有有无杂藏之诤。分化之方式不一，而实为急于己利（声闻）与重于为人（菩萨）两大思想之激荡。此第二期之佛教，小乘盛而大乘犹隐，可曰"倾向菩萨之声闻分流"。

佛元四世纪至七世纪，南以安达罗，北以大月氏（贵霜）王朝之护持，两系合流于北方，大乘佛教乃盛。大乘于各派之思想，固以南方为重而能综合者。就中龙树菩萨，以南方学者而深入北方佛教之堂奥，阐一切法性空而三世幻有之大乘，尤为大乘不祧之宗。以融摄世俗，大乘经已不无神秘、苦行、表征、他力思想之潜萌，龙树菩萨乃间为之洗刷也。此第三期之佛教，说三乘共同一解脱，与根本佛教相契应。然佛世重声闻，今则详菩萨之利他，可曰"菩萨为本之大小兼畅"。

七世纪至千年顷，大乘佛教又分流：（从北来）西以阿瑜陀为中心，无著师资弘虚妄唯识学。（从南来）东以摩竭陀为中心，真常唯心论之势大张。学出龙树之佛护、清辨等，又复兴性空唯名论于南印。三系竞进，而聚讼于摩竭陀。大乘分化之因甚复杂，而"如来"倾向之潜流，实左右之（多陀阿伽陀，华语如来，有二义：一、外道神我之异名，即如如不变而流转解脱之当体。如来死后去或死后不去，即此。二、佛陀之异名，可译为如来、如解或如说。即证如如之法性而来成正觉者；如法相而解者；如法相而说者。佛具此三义，故曰如来，与后期佛教之如来义颇不同）。如来者，一切有情有如来性，无不可以成佛。如来性真常不变，即清净本具之心体。离幻妄时，证觉心性，而圆显如来之本体也。此真常净心，易与婆罗门之梵我相杂，而其时又适为婆罗门教复兴,梵我论大成之世,佛陀渐与梵天同化矣。其见于辩论者,有生灭心与真常心之诤;有唯心与有境之诤;有性空与不空之诤;有三乘与一乘之诤。此第四期之佛教,可曰"倾向如来之菩萨分流"。

千年以降,佛教渐自各地萎缩而局促于摩竭陀以东。以如来不可思议之三密为重点;立本于神秘、唯心、顿入之行解,为一切学派、内外思想之综合,为一切秘密、迷信之综合。唱一切有情成佛,不复如大乘初兴之重于利他,而求即心即身之成佛。奄奄六百年,受异教者之压迫而衰灭。此第五期之佛教,可曰"如来为本之梵佛一体"。

印度佛教凡经五期之演变,若取喻人之一生,则如诞生、童年、少壮、渐衰而老死也。

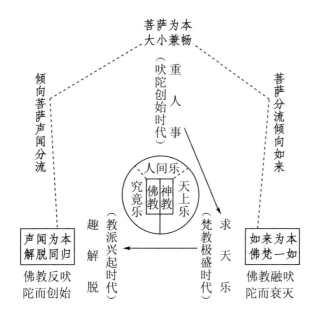

依此图以观印度佛教之流变,不难知其梗概。夫人之所求者,现实人间乐、未来(人)天上乐、究竟解脱乐三者而已。其即人事以向天道,以天道明人事者,神教也。即解脱以入世利生,依人间悲济之行以向解脱者,佛教也。解脱思想兴则神教衰,天神崇拜盛则佛教衰,此必然之理也。观吠陀创始时,崇天道以尽人事。继之者,祭祀求生天,秘密求神佑,婆罗门教乃底于极盛。迨解脱思想起,理智开发,婆罗门教衰而教派纷起矣。佛教以反吠陀之精神,代婆罗门教而兴。初则声闻为本而重于解脱事。继起者以菩萨为本,详悲智利济之行,以入世而向出世,佛教乃大成。惜佛徒未能坚定其素志,一转为忽此土而重他方,薄人间而尊天上,轻为他而重己利。融摄神教之一切,彼神教以之而极盛者,佛教以之而衰灭,(婆罗门教演化所成之)印度教又起而代之矣!

如上印度佛教五期之流变,今更束之为两类三时教,即与从来判教之说合。

一、自佛教传布之兴衰言之:佛元三世纪中,熏迦王朝毁佛而佛教一变。前乎此者,佛教与(摩竭陀)孔雀王朝相依相成,国运达无比之隆盛,佛教亦登于国教之地位,遍及于五印,远及于锡兰、罽宾。后乎此者,佛教已失其领导思想之权威矣。佛元九、十世纪,佛教北受匈奴族之蹂躏,东受设赏迦王之摧残,而婆罗门教则尤明攻暗袭其间,佛教又为之一变。前此,佛教虽失其政治之指导权,偏于学术之研几,然传布普遍,不失为印度大宗教之一。后则局处摩竭陀,书空咄咄,坐待衰亡而已。以教难而观佛教之演变,颇明白可见:初则声闻(小乘)之"四谛乘",中则菩萨(大乘)之"波罗密乘",后则为如来(一乘)之"陀罗尼乘"。

二、自教理之发展言之,亦有三时,即初二期为初时教,第三期(含得二期之末及四期之初)为中时教,四五两期为第三时教。初时教以"诸行无常印"为中心,理论、修行并自无常门出发。实有之小乘,如说一切有部,其代表也。第二时教以"诸法无我印"为中心,理论之解说、修行之宗要,并以一切法(无我)性空为本。性空之大乘,如龙树之中观学,其代表也。第三时教以"涅槃寂静印"为中心,成立染净缘起,以无生寂灭性为所依;修行解脱,亦在证觉此如来法性。真常(即常谈之"妙有"、"不空"、"中道")之一乘,如《楞伽》《密严经》,其代表也。后之秘密教,虽多不同之解说,于真常论而融摄一切事相耳,论理更无别也。

虽然,世间事乃"非断非常"之缘起,固不得而割截之;"非一非异"之缘起,亦不得执一以概全。此仅就其时代事理之特征,姑为此分划而已!

第二章　释尊略传

第一节　出家前之释尊

释迦牟尼佛之传记,零落难详。即其仅见于记述者,又多传说互异,且杂以表象之辞。欲取舍以得精确之佛传,实非今日所能也。今但取近于史实者叙之,用以仿佛此圣者之化迹而已。

"释迦"训"能",为种族之名。"牟尼"训"寂默",乃圣者之德。合言之为"能寂",所以尊释迦族中之圣者也。

释迦族,旧传雅利安人,出名王甘蔗之后。初居印度河侧,东下立国于雪山之麓,即释种所自起。甘蔗王族出瞿昙(即乔达摩)仙之后,因以瞿昙为氏云。然以近人之考证,颇不以此说为然,而以释种为黄色之蒙古人种。

玄奘《西域记》,谓迦毗罗卫以外之释族,凡四国:一、梵衍那国,在雪山中,即今兴都库斯山脉之西部。二、呬摩呾罗(雪山下)国,在巴达克山南。三、商弥国,在葱岭西南境,与印度、阿富汗接壤。四、乌仗那,在今印度西北边省之北部,其故都直逼葱岭下。此四国悉非雅利安人也。

《杂阿含经》载:释尊尝入婆罗门家,被呵为"领群特",且拒其入室。使释尊而为雅利安人,则不当如此。舍卫国之波斯匿王,雅利安人,而释种拒不与婚嫁,其种族之不同,固灼然可见。从地理之分布而考之,则可见其为山岳民族而南望大陆者。释族以孔武有力称;其东邻拘尸那,称力士生地。迦毗罗卫之释族,盖雪山中之游牧民族,卜居平地而渐农业化者。

自葱岭东来,沿喜马拉雅山分布之居民,如西藏、尼泊尔、不丹、及(印度)阿萨密省,悉为黄种。释族非雅利安系,其为黄种无疑也。毗舍离民族为离车子,摩竭陀与之通婚嫁。玄奘传尼泊尔为离车子。毗舍离跋耆比丘,以"佛出波夷那"为言,疑释种同此①。

释族所住地,在恒河支流罗泊提河东北,面积约三百二十方里,有卢毗尼河贯其间,遂分十家,各主一城。位卢毗尼河西北之迦毗罗卫城,即释尊父王之治地也。迦毗罗卫,即今之毕拍啰婆,在尼泊尔南境。佛元二千二百八十六年一月,Peppé 于其地掘得释迦族供养释尊灵骨之石瓶,地当北纬二十七度三十七分,东经八十三度八分,与法显所述之迦毗罗卫正合,因得定释尊之故乡焉。

卢毗尼河之东有拘利城,与迦毗罗卫自昔通婚嫁。释尊父王输头陀那,娶拘利城主阿瓷释迦之二女摩耶及波阇波提为妃。摩耶夫人四十四岁时,梦白象入胎而有妊。翌年,分娩期近,乃从俗归宁。途经岚毗尼园,少憩,遂诞生太子于无忧树(或作娑

---

① 参阅《佛教之兴起与东方印度》(《以佛法研究佛法》一五——一〇一,本版一〇——六八)。

罗树、钵罗叉树）下。园去迦毗罗卫东四十里，为拘利城主善觉妃岚毗尼之别墅，在今尼泊尔之兰冥帝，时距今二千四百零九年前之四月八日日出时也。

释尊系出名门，色相端严，有异常儿，识者知其不凡，咸谓在家当为轮王，出家必成一切智，因赐以悉达多（义成）之名。太子生七日，母摩耶命终，由姨母波阇波提代育之。年七岁，就傅。依名学者毗奢密多罗，受吠陀及五明论；次依羼提提婆，受兵法及武术。学不数年，靡不精达。乃于十五岁时，父王为其举行灌顶大典，立为太子。太子处储位之尊，享王家物质之乐，而常若不惬于怀。父王因为其完婚，纳善觉女耶输陀罗为妃。辟三时殿，益五欲之乐以娱之。孰知太子之别有会心，如莲之出淤泥而不染欤！

第二节　出　家

太子于二十九岁之十二月八日中夜（或云十九岁、二十五岁），舍父母妻儿臣民，偕侍者车匿，悄然离城去。至跋伽婆仙人所住林中，剃须发，服僧伽梨，遣车匿还报。父王大惊，遣使召之，不得，因留憍陈如、跋提、跋波、摩诃男、阿说示以侍之。

释尊出家之动机，即佛教化世目的之所在，此应略事分疏之，以见佛意。雅利安民族之初移殖于五河地方也，勇敢善战，夷旧住民族而奴役之，阶级之制由此兴。政治无专政苛敛，选举或世袭，以家族为中心，而组成一族一族之小国。宗教则崇拜自然，未闻出世解脱之谈，此佛元前六世纪事也。

此后,沿恒河东下,入于丰沃之平原,农业勃兴,文化大启,婆罗门学者创四姓之说,视为有神圣不可逾越之限制:婆罗门为专责宗教之祭师,刹帝利为独占军政之武士,吠舍为业农工商之平民,此三皆为雅利安人,同有诵吠陀而祭神之权利,且可依宗教而得新生命。第四首陀罗族,即被征服者,但以劳力供贱役,无祭神重生之权也。时宗教之仪式、制度及神学,灿然大备,烦琐思辨而融以神秘之咒术。所谓"吠陀天启"、"祭祀万能"、"婆罗门至上"之婆罗门教三纲,即于此时确立之。

迨佛元前二、三世纪中,政治与宗教俱有显著之变迁。祭祀万能已不能餍足人意,穷理尽性以求彻底解脱之风,因"森林书"、"优波尼沙昙"之出而日盛。厌世出家修行,以达神我之解脱,蔚为一时风尚焉。婆罗门之教权,虽仍有人为之支持发扬,然以拘于传承形式,严阶级、重祭祀,已不足适应时代。兼之婆罗门恃宗教而营家族之生活,自日趋于腐化,杂以神秘咒术,乃益泛滥而不可收拾。有心之士,慨然而起,否认吠陀,反抗婆罗门之学派是也。然思想一旦解放,即陷于混乱之局:或否认道德之价值;或创自然之说;或作残酷之苦行;或修枯寂之禅定;或作诡辩论;或倡导唯物,追求现世五欲之乐。旧说弊而新学罔,安得一切智者以正之!以言政治,自雅利安民族东移恒河流域以来,东方被征服民族,受吠陀文化之启发而次第兴起。王位多世袭,不复选举,养兵固位,既为同族兼并之战,又为反雅利安族之争,摩竭陀与憍萨罗之对立,其著者也。群雄分立,相为争伐,东方新兴民族之势力,且骎骎驾雅利安族而上之。然世乱时荒,民不堪命矣!安得一施仁政,统一阎浮,跻人民于盛世之轮王哉!

不作转轮王,即为一切智者,释种以之期待释尊者,实时代之公意也。

时代之政教趋势既明,可以进论释尊出家之动机矣。传说父王曾偕太子出游,并观耕焉。田间作人赤体辛勤事耕垦,形容枯瘠,日炙汗流,并困乏饥渴而不得息。犁牛困顿,备受鞭策羁勒之苦;犁场土墢之下,悉有虫出,鸟雀飞来竞食之。太子有感于农奴贫病,众生相残之苦,悲心油然而生,因移坐阎浮树下,寂然而思所以救济之道,隐萌出家之志。此释尊入道之初心,社会救济与生死解脱,实兼而有之。复有说焉:太子尝游观四门,历见老、病、死苦,及见出家安乐而日增其厌世出家之心。此不必视为事实,要为熟闻尘世可厌,解脱为乐而出家。游观云云,特象征其内心之感悟而已!

传说出家之动机止于此,吾尝于迦毗罗卫之国政,若有所见焉。迦毗罗卫地不满百里,受憍萨罗国之控制而非其种族。憍萨罗国王征妃于释种,释种不愿为异族之婚,而又莫敢与抗。国小,地僻,处兼并之世,强邻虎视,亦难以图存矣。当佛之世,即为憍萨罗所灭,其明证也。末利夫人信佛,波斯匿王犹多憎嫌之辞(与憍萨罗争霸之摩竭陀王频毗娑罗,则有愿分国与释尊并治之说,颇可玩味)。释尊其有感于国族之苦乎!不为转轮王,则为一切智人,二者不相兼而不相悖。舍无可为之故国,谋生死之解脱,兼求淑世善生之道,释尊毅然成行矣。

释尊忘世为道,日以求道为务。尝南行参访于毗舍离城北之阿罗逻迦蓝,彼以超越一切有,而住无所有之定境为解脱。释尊以为未尽,去访郁头蓝弗于王舍城外森林中,彼以非想非非想为涅槃，即泯"想"、"非想"之差别，而住于平等寂静之知见。释尊知其法之未尽，又舍之行，止于槃荼婆山。入王舍城乞食，频毗娑罗王见之，力劝返俗，释尊谢却之。王因以若成道者，愿先见度为请。释尊往优娄频罗聚落之苦行林，与苦行者为伍，备尝辛苦，精进不为不至，而终无所获。因悟苦行之非计，翻然改图，欲于定中观察以得之。先趋尼连禅河，解衣入浴；受牧女善生乳糜之供，色力乃渐复。憍陈如等五人见之，谓为退失，心生诽谤，舍之而去波罗奈。释尊乃独行，于伽耶山之毕波罗树下，敷吉祥草，跏趺而坐，以"不成正觉，不起此座"为誓。时出家来已六年矣（或云十二年）。

第三节　成　正　觉

释尊以大悲大智大精进力，宴坐禅思者凡四十九日，破魔障，得三明，于二月八日明星现时，廓然圆悟而成正觉，因得佛陀之名。今印度之巴特拿城南七十里，有伽耶城；距伽耶城八里，有佛陀伽耶，即释尊成道处也。其所坐之毕波罗树，因释尊悟道其下，遂称之为菩提树，今尚存。

成正觉云者，简言之，即正觉世间之实相，智明成就而生死永寂。佛陀追述悟道之经过，不外正觉缘起之生灭。释尊尝以"我说缘起"示异于外道，持此以为佛法之特质可也。生死大苦，由业力而轮回不息，为印度学者之共信。然一及大我、小我、本体、现象之说，则莫不陷于矛盾。彼辈探宇宙之本元而立"梵"，探个人之主体而立"我"，又从而融合之。然一之则一解脱而一切解脱,异之则梵、我一体之说不合。其说现象也,谓自本净之梵我,起迷妄苦迫之世间。无论其解说为如形之与影,如水之与波,或如父之与子,然以本净为迷妄之因,终无以自圆其矛盾。若以迷妄与净我,同为无始之存在,则陷入二元,失其本宗矣。使果为二元也,真、妄又如何联系而构成流转?真我曾无所异,又如何离妄而独存?释尊正觉缘起,知其病根在“真我”,既无“我”为宇宙之本元,亦无“我”为轮回之主体,世间唯是惑、业、苦缘起之钩锁。即缘起以达无我,乃彻见生死之实相而解脱。成正觉者,此也。

释尊菩提树下之正观,以为吾人有身心演变之老、病、死苦,有人事纠纷之爱别离苦、怨憎会苦,自然缺陷之求不得苦,悉沉没于“老、病、死、忧、悲、苦、恼”之大海而莫之能脱。即此苦而探其原,知众苦之因于受“生”。有生即有苦,苦实与生俱来,乐生厌苦之常情,盖亦颠倒之甚矣。吾人何事有生而为众苦之所迫?必有能生身心者在。此能生者之存在,曰“有”。明言之,则以业力熏发而构成身心之潜在也。业力熏成身心之潜在,由于执“取”。何者?内则妄执自我;外则或为五欲之追求,或执取倒见以为是,邪行以为清净。于是乎三业繁兴,而集未来身心之苦本。驰取一切又以欲“爱”染著为因。于相续之三有自体,于所取之三有境界,若磁铁之相引而不舍。著之不已,则成为纵我役物之行。释尊尝叙之云:“当知因爱有求,因求有利,因利有用,因用有欲,因欲有著,因著有嫉,因嫉有守,因守有护,因护故,刀杖争讼,作无数恶。”又云:“以欲为本故,母共子诤,子共母诤,父子、兄弟、姊妹、亲属展转相诤,更相说恶,况复他人?以

欲为本故,民民共诤,国国共诤,彼因斗争共相憎故,以种种器杖
展转相害。"爱、取为未来生死之动力,亦现在爱别、憎会、求不
得之苦因,以是节制爱、取,乃乐生之王政;根绝爱、取,为厌苦离
欲解脱之圣法。释尊为之而出家者,今则以正观缘起而得之。
逐物流转与离贪解脱之缘起正观,即正法之根本。释尊于初转
法轮时,尝约之为四谛:生、老、病、死、忧、悲、苦、恼为苦谛,爱为
集谛,爱灭为灭谛,以厌苦离欲解脱之道为道谛也。

　　缘起不出此五支(老死、生、有、取、爱),然考释尊之教,犹
有阐述缘起之底蕴而详说之者,即求触境系心之历程,而达于身
心相依之开展也。顺其序而略言之:"识"入母胎,因有"名色"
之开展。识与名色相依不离,一期生命于是乎相续而住。名色
开展有"六处"。根、境相涉入,则有根、境、识三者相"触"之认
识。识触与无明俱,昧于缘起,乃味著于苦乐之"受",而"爱"著
生矣。识与名色、六处,同为前生惑、业所起之身心。虽识为一
期生命开展之初始,然是苦而非苦集。故欲解脱未来之生死者,
在灭"触俱无明",而非灭识也。

　　释尊又推此意而阐述之:识为无始相续之苦果,不劳灭之,
灭无始相续之惑、业可矣。以过去之触俱无明为"无明",以过
去著境驰求之一切身、口、意行为"行";必无明灭而后行灭,行
灭而后识灭也。

　　释尊于缘起正观中,知生死之因于爱、取之行,染爱以无明
为本。以无明之蒙昧无知,不觉生死为惑、业、苦缘起之钩锁,而
若有自我者存。有我则有我所,爱之为自体爱、境界爱,取之为
我语取、欲取等,纵我逐物,苦轮常运不息矣。一旦缘起观成,无

明灭而明生，无我无我所，离无因、邪因等恶见，爱欲自离而解脱，如旭日初生，长夜永别。自觉自证："我生已尽，梵行已立，所作已办，不更受后有。"释尊正觉而成佛，盖如此①。

第四节　转　法　轮

释尊成正觉已，欲出其所悟之正法以化迪有情，实现现乐、后乐及究竟乐。然鉴于时代根性之积重难返，实难与言正觉之本怀，乃于五十七日中（或云三七日、一年等），度长期独善之行，而思所以应化之方焉。尝慨然曰："我法甚深妙，无信云何解？""辛勤我所证，显说为徒劳。""我宁不说法，疾入于涅槃！"是何言之痛也！其不易说，即说亦难信难行之道，或解为缘起及缘起之灭，或解为缘起之性空，或解为一乘之实相，所说不必同，而不离缘起正法则一。盖缘起正法，不特证之以寂灭出世，因"众生著阿赖耶，乐阿赖耶，喜阿赖耶"而不易；即解之以和乐顺世，亦非刹帝利以武力、毗舍以财力、首陀罗贫弱不克自振之时机所能喻。传说有梵天来请，佛乃起而弘布其正法，此岂非有感于婆罗门文明之有待救济，不忍斯世之终古长夜耶！长期熟思已，决意唱道一适应时代之方便教，而寓真实于其中，俾渐加格化，以达畅尽正觉之本怀也。

释尊去波罗奈，遇商人提谓、波利于途，二人以麨蜜献佛，受三归依而去，得佛财分之最初弟子也。途中又值异学阿耆婆迦，

① 参阅《唯识学探源》（一二──二七，本版八──一八）。《佛法概论》第三至十章（四二──一四七，本版二九──九七）。

叩佛所师，佛以"我最上最胜，不著一切法，诸爱尽解脱，自觉谁称师"答之。又问佛所之，佛告以"我至波罗奈，击妙甘露鼓，转无上法轮，世所未曾转"。盖圣智洞彻，事见机先，确证所证而无疑也！

佛访憍陈如等于波罗奈之鹿野苑。五人见其来也，初以其退失净行，相约勿为礼；佛至，不觉肃然致敬。佛告以"我即是佛，具一切智，寂静无漏，心得自在。汝等须来，当示汝法，教授于汝。汝应听说，如说修行，即于现身得证诸漏"。五人乃执弟子礼，即所谓五比丘是。五比丘以佛之舍苦行为疑，佛乃进而教之曰："有二种障：一者，心著欲境而不能离，是非解脱之因。二者，不正思惟，自苦其身而求出离，永无解脱。离此二边，乃为中道，精勤修习，能至涅槃。"此中道云者，即八正道，为佛教精义所在，自利、利他，悉应于此中求之。此就教授之中心立言，若详示生死流转之苦痛及原因，解脱生死之圣境，离苦得乐之正道，即四谛是，有《转法轮经》等载之。闻法已，憍陈如首先悟入正法，因得"阿若憍陈如"之称。余四人亦次第得入，悉成罗汉。三宝乃具足，世间凡有六阿罗汉。

苦	生、老、病、死、爱别离、怨憎会、求不得	如　病
苦之集	后有爱、贪喜俱行爱、彼彼喜乐爱	如病源
苦之灭	爱灭	如病愈
苦灭之道	八正道	如　药

此四谛之创说，即所谓初转法轮也。转法轮者，法为规律之义。约道谛言，即行持之正轨，解脱者所必由，故曰："法者，八正道也。"约四谛言，即一切普遍不变真实之法则。缘起流转为

"苦集",缘起还灭为"灭",即流转以达还灭之行为"道"。此世出世间,必然而不容或异之轨律,曰"法"。此法,性自尔,曰"法性";法常尔,曰"法住";法各如其分,曰"法位";法为一切之因依,曰"法界"。是真,是实,是谛,是如,释尊之所证所说,此法也。据印度旧说,统一阎浮,正法化世之大王,名转轮王。轮为轮形之武器,当其举行即位典礼时,有此轮宝来应。以轮宝之力,自近而转及远方,摧辗一切怨敌,而后王道化被于天下。今以喻佛之说法,自己而转及他人,摧折一切异论恶见,而后佛化遍及于世间。《大品经》以"不转不还"为说,知转有运动推进之意。以鹿野苑之最初推动此正法,乃独得转法轮之名,实则"法轮常转",不必限于初说也。

佛度五比丘已,即于波罗奈小住。禅思,经行,教授,初创和乐僧团之制。波罗奈有长者子耶舍,及亲友多人,闻风来归,并出家证果,世间乃有六十一阿罗汉。满慈子、大迦旃延、娑毗耶,并舍外道入佛法。度雨期已,释尊遣弟子游化人间,自身则独往优娄频罗聚落,化事火婆罗门迦叶氏三弟兄,及其弟子千人,佛教之势日张。释尊忆频毗娑罗王之约,乃与千比丘趣摩竭陀首都王舍城。王闻之,率臣民郊迎。见三迦叶为弟子,信心弥切。王闻法,得法眼净。因于城旁迦兰陀长者之竹园,建精舍奉佛,此国王信佛之始,亦佛教僧寺之始也。释尊之二大弟子,舍利弗、目犍连,于佛成道第四年归佛。二人初从删阇耶外道出家,常以未闻道要为怅。一日,舍利弗入城,见阿说示(五比丘之一)威仪庠序,诸根豫悦,叩其所师,曰"释氏大沙门"。询其所学,则举缘起偈答之:"诸法因缘起,如来说是因,诸法因缘灭,是大沙门说。"舍利弗闻之,得法眼净。归语目犍连,亦悟。因偕二百五十弟子,诣竹园出家。时有摩诃迦叶者,出家修厌离行,素为国人所宗仰。于王舍城多子塔前值佛,因回心入佛教,自谓"若不值佛,亦当独觉"云。成道第六年,净饭王病,遣优陀夷来迎佛,以生前一见为幸,并于尼拘律园预建精舍以待之。释尊偕弟子还迦毗罗卫,为释种说法,净饭王得道证,宫人多受戒法。惟度异母弟难陀及佛子罗睺罗出家,净饭王为之悲感不胜。留七日,辞还竹园。甫抵末罗族之阿瓮比耶村,释种之阿那律、阿难、金毗罗、提婆达多等追踪至,请为弟子;或谓此出净饭王意云。理发师之优波离,亦于此时出家。后世所传之十大弟子,除解空第一之须菩提,似出家较晚外,余并释尊初期之弟子也。此后至涅槃,无连续之记载,惟游化之地点,所化之弟子,散见于圣典中,得以见其概略。释尊教化凡四十五年,其足迹所及,东至瞻波,西至拘睒弥及摩偷罗,南至波罗奈,北至迦毗罗卫:犹不出恒河流域。其常住说法之处,非信徒奉献之精舍、园林,即水边、林下,大率以清净而宜教化为主。其有名者,如王舍城之竹园、灵鹫山、温泉林,舍卫城之祇园、鹿子母讲堂,华氏城之鸡园,波罗奈之鹿苑,毗舍离之庵罗园、重阁讲堂,猕猴河畔之牛角林,迦毗罗卫之尼拘律园,拘睒弥之瞿师罗园等,以在竹园及祇园之时日为多。

释尊初期之出家弟子,惟限于男性之比丘,以从其他教团中来者为多。初至王舍城,已有千二百五十弟子矣。佛之姨母摩诃波阇波提,自净饭王殁后,求度出家,佛初不许。后以阿难之请,始允其出家,由是有比丘尼。比丘尼中,如耶输陀罗、莲华色、旷野等，亦有名。其归佛之在家弟子，男称优婆塞，女称优婆夷，为数尤众。上自王公贵族，下至乞丐、淫女，无不为释尊慈悲所摄受。优婆塞之有名者，如摩竭陀王频毗娑罗、阿阇世，㤭萨罗王波斯匿，频王之侍医耆婆，大臣雨势，舍卫城之豪商须达多，释种之释摩诃男等。优婆夷之有名者，有频王妃之韦提希，匿王妃之末利，须达多之妻善生，舍卫城之鹿子母，毗舍离之淫女庵摩罗等。此等在家弟子，亦多有证果者，及能论议深法者。

释尊之说法也，不务深邃理论之阐述，不为苦行奇事以惑众，惟以简明切实之教旨，示人以中道之行。务使闻法者，人能随分随力，去恶进德以自净其心。佛法之在恒河两岸，如春风时雨之化洽无间，固由说法之善巧，解脱道之纯正，与适合时代根性之要求，然有赖于释尊崇高之德性、悲怀、平等、躬行、身教者尤多。释尊之与弟子，师友也。"我不摄受众"，"同坐解脱床"，不如异教者之以神子、神使自居，或以统摄者自居。回施物于僧，不欲厚于己。五日一行比丘之房，为病比丘洗濯，为盲比丘纫针，向小比丘忏摩。闻其病，则不辞跋涉之劳；悯其愚，则不以诳佛为嫌。凡沐释尊慈和恳至之化者，莫不自尊自律而日进于德。阿难说精进，忘病起坐以听之；闻堂中说法，则伫立于户外，释尊之敬正法也如此。

其于人世之和乐，悲怀兼济，亦有可言者：释迦族与拘利族争水，释尊远来为之和解。毗舍离大疫，则身入其境以化之。教跋耆族以国不危之道；回琉璃王残民之师；息阿阇世王东征之谋；化央瞿利魔罗，行旅蒙其泽。即此数端，可见释尊之重视现乐人群为何如！余如唱四姓平等之教，斥祭祀，呵苦行，禁咒术，纠正印度文明之偏失,则尤世人所熟知者。及门之声闻弟子,以蔽于时习,间或未能深体释尊之本怀;然如毕陵迦婆蹉之捍盗,富楼那之化粗犷之边民,目犍连之殉教等,亦有足多者。在家弟子,尤多难能之行:释摩诃男自杀以救同族;末利夫人饮酒以救人;须达多及梨师达多等,更能举所有资产,与信佛之四众弟子共之。佛及弟子之高行硕德如此,宜其风化所及,翕然景从也!

初期出家弟子,多耆年久学,厌离心切,释尊仅提示"法味同受"、"财利共享"之原则,即能淡泊知足,和谐共存,固无须制戒律以绳墨之也。后以比丘日众,僧事日繁:或放逸而作罪行,或愚昧而受讥嫌,或共住相纷争;比丘之衣、食、住、行,在在与社会经济有关;时代俗尚之无碍于正法者,亦不必矫情立异,与世共净。释尊乃适应时众之要求,一一为之制。其遮止性罪及足以引生性罪之方便,易受世人疑虑讥毁者,制为戒条,半月半月诵习之,曰"波罗提木叉"。余如参加僧团及退出之规定,安居、诵戒之规则等,大抵经佛之指导而经常行之,此则结集所出之"杂跋渠"是也。比丘之出家,在求解脱自由,然群众相处,不能无法制,否则自相凌夺,不能身心安宁以和乐为道。游化人间,必求时地之适应,否则受讥毁摧残而无以图存。求正法之久住,端赖此"摄僧"之制耳。佛教之僧制,泯阶级,均贫富,齐贵贱、老少;融法治、德化于一炉,实兼自由与团结而有之。僧制本世间事,或为道德之训条,或为僧团之组织法,或为衣食等琐事,而佛制不许白衣(在家众)入闻。旧传有人窃听戒法,金刚力士击杀之。僧团极公开,其内容则讳莫如深,何哉?诚以和乐平等共存之制,惊世骇俗,未能为时众所共喻也。

因佛教之开展,外来之障碍亦随之而生。婆罗门反对之,以其一反婆罗门教三纲。苦行沙门反对之,以其呵苦行为痴人也。释尊之游化,常与四众弟子俱,贫乞者亦随行。此无所有者之集团游行,常使城主颁输金之制,村主发蒺藜之论。余若农奴怠工,武人解甲,并使治者为之不快。然释尊之教,以究竟之解脱为主,方便之社会救济,厄于时势,未能一展所长。故佛教之受压迫,亦以外道为多。有带盂而谤佛者,有埋尸以相毁者,有设火坑、毒饭以害佛者,尤以提婆达多之摧残佛教为最烈。提婆达多,佛之堂弟而从佛出家者。受韦提希子阿阇世之敬礼,染著利养,乃与阿阇世谋,劝杀父王频毗娑罗为新王,己则杀佛别创新教为新佛。彼欲害佛者数次,初放醉象,次使狂人,后投大石,而皆目的不果。乃自称大师,创五法是道,毁八正道非道。五法者:一、尽形寿着粪扫衣;二、尽形寿常乞食;三、尽形寿唯一坐食;四、尽形寿常露坐;五、尽形寿不食一切鱼、肉、血味、盐、酥、乳等(或作:不食盐;不食酥乳;不食鱼肉;常乞食;春夏八月露坐,四月住草庵)。观其五法之峻严,颇类耆那苦行之教。以时众崇尚苦行,乃使佛教之五百新学,暂时叛教以去。佛与弟子虽叠受政、教之迫害,从未叫嚣,少流于感情用事,沉静悲悯,一以德化,卒于心安理得中胜之。

第五节　入　涅　槃

释尊游化四十五年,年八十矣。由王舍城而拘尸那,为最后之游行。途经波吒厘子城,时方兴筑,佛即言其将来当甚繁荣云。又与弟子渡恒河，入毗舍离。值雨期，欲于城外波梨婆村安居，时世饥馑，乃散众独与阿难居此处。此时，佛已重病，自知化缘已毕，惟以弟子多不在前，不宜入涅槃，遂自支持以待。阿难知佛入灭期近，乃请所以命弟子者。佛曰："我不摄受众，亦无所教命。汝等当自依止，法依止，莫异依止，即应依四念处而行。"盖四念处为七觉支之初基，离四倒之妙术，出生死唯一可依之道也。安居毕，入城乞食，为众说法。翌日，勉力向拘尸那行，经路乾荼村，说戒、定、慧、解脱之四法，即总摄佛学之宏纲，及其目的所在也。佛由此入波婆村，食金工纯陀所献之旃檀耳而病益剧。途中，腹痛痢血，疲累不堪，乃命阿难敷坐稍息。旋复行，浴于拘孙河；宿拘尸那城外熙连禅河畔之二娑罗树间。有外道须跋陀罗，闻释尊中夜将入涅槃，请见佛一决所疑，阿难以释尊疲乏辞。须拔陀罗固请不已，佛愍之命入，示以唯八正道有沙门果。闻法证果，因为佛最后弟子。于时大众知佛将灭，未离欲者，悲痛泪落不自胜，佛乃起为作最后之教诲曰："汝等勿谓失师主，我涅槃后，所说法、律，是汝师也。"佛谕众有疑者，可疾问之，无得怀疑不求决也。世尊三唱而无人问者，乃更谓弟子曰："汝等勿怀忧恼，若我住世一劫，会亦当灭。世相如是，当勤精进！自今已后，我诸弟子展转行之，即是如来法身常在而不灭也。"释尊忍疾为弟子说法，安慰之，勉励之，其教诫之恳笃，可以见矣！教诫毕，从容入灭，时二月十五日中夜也。侍佛涅槃之大弟子，唯阿那律及阿难在，乃移舍利于郊外天冠寺，以待众比丘之来。七日后，大迦叶共五百比丘至，乃依轮王礼而荼毗之。

第三章　佛理要略

第一节　世　间

佛法无他事，"净化世间以进趣出世之寂灭"而已。

世间者，本无今有，有已还无，时劫之迁流变坏谓之"世"。十方器界无边际，在成、住、坏中；一切有情无数量，在生、老、死中。有情与器界，起灭于三世之流，莫知其终始，此之谓"世间"。世间唯有情与器界，而有情则又为其本。何者？有有情，而后往返彼此知器界，前后延续有时劫。若离有情，此器界之与时劫，不必论亦无可论也。

言有情者："自体爱"则内我之贪染，"境界爱"则外境之执取，"后有爱"则无限生存之意欲；有情者，有此情爱也。外书之释此，为喜，为动，为情，为光明；内典之释此，为大心，快心，勇心，如金刚心。生存意志跃跃然，热烈冲动奔放而靡止；有情者，有此情识也。有情爱与有情识者，其缘起之和合边，名之曰有情。从其缘起之种种边，则曰名色，曰五蕴（色、受、想、行、识），曰六处（眼处，耳、鼻、舌、身、意处），曰六界（地、水、火、风、空、识）。盖心色不一不异之和合，而以爱取营为个性之活动者也。何由知世间以有情为本乎？世间之存在曰"有"，世间之显现曰"生"，此生之与有，佛法并约有情为论。有情即世间生死死生，生生不已之存在，此可于圣典知之。自有情之种类言：分别有情之体类者，曰"五有"：天有、人有、旁生有、鬼有、地狱有。以人有为本、为中心，旁摄于鬼、畜。此三者之胜进者为天，劣退者为地狱。若分别有情出生之相类者，曰"四生"：胎生、卵生、湿生、化生。前三生其常见，化生则其变也。即此"五有"、"四生"而论其延续于时劫：一期则生有、本有、死有，前后则本有、中有、后有。即现实之存在，以知未来之存在，相续非断灭者，名为"有"。曰前生，曰今生，曰后生，生灭不居非常住，名曰"生"。即此"五有"、"四生"而论其往返乎器界，有则欲有、色有、无色有，同因所爱所取以成世间之存在；生则欲界生、色界生、无色界生。世间以有情为本，存在者唯此，显现者唯此，不亦灼然可见乎！自因果言之："此有故彼有，此生故彼生，谓无明缘行，乃至纯大苦聚集。"世间以有情为本，有情不出惑、业、苦三杂染。此三者之因有曰"有支"，此生彼生曰"缘生"。有情之生死相续苦，非自、他、共、无因作，佛说为缘起：逐物流转，触境系心，心色依持。缘起如环之无端，以无始来不见真实谛，死生无边际，生生不已而众苦永在。自业报论之：业力所感为报，如"五有"，缘起之显在也。无有情而无色者，亦无有情而无心者；心色和合，不即不离，相依相持而相续存在。此有情，即世间之根本。即本而起末，山、河、大地、草木丛林曰无情，无情乃有情之外在，如焰之舒光明。即总以探别，曰情爱、情识。情爱、情识乃有情之中枢,如焰中之焦炷。有情,内不离情识,即外不离器界,依彼得存而为彼之本。世间之学者不达,外逐于物立唯物,内蔽于心谈唯心;别而碍总则多元,总而乖别明一本,人各一是非,孰知世间之实相哉!有情所起之动能曰"业",不即色心亦不离,曰有、曰业有,缘起之潜在也。业感有情总别之报果,则即潜而至显;依心色活动而成业力,则即显而至潜。虽业之与报,并有并生,然据偏胜而言,则业为有而报为生。

如上所述,器界无边际,有情无数量,其起灭于时劫无始终,可谓广大、众多、悠久矣!若探其本,则有情之体有、相生而已。知此,乃知佛法所明世间之宗本,乃足以进言净化世间,以进趣出世之寂灭。

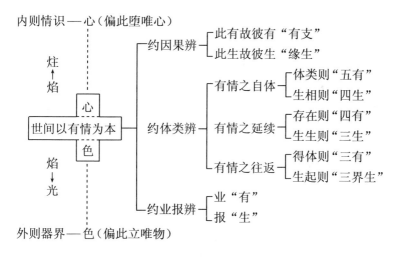

内则情识—心(偏此堕唯心)

世间以有情为本

约因果辨 —— 此有故彼有"有支"
　　　　　　 此生故彼生"缘生"

约体类辨 —— 有情之自体 —— 体类则"五有"
　　　　　　　　　　　　　　 生相则"四生"
　　　　　　 有情之延续 —— 存在则"四有"
　　　　　　　　　　　　　　 生生则"三生"
　　　　　　 有情之往返 —— 得体则"三有"
　　　　　　　　　　　　　　 生起则"三界生"

约业报辨 —— 业"有"
　　　　　　 报"生"

外则器界—色(偏此立唯物)

第二节　世间之净化

有情所依之器界有净秽,心识有愚智,触境生心而有情有苦乐。净化之者，化世间之秽者、愚者、苦者，为净、智、乐也。天乐、地狱苦，人、鬼、畜三苦乐杂。格其优降，则以天、人、鬼、畜、地狱为次第。离三恶趣生人中，舍人身生天上，此异学之世间净化。佛法则不然，求出三恶趣，不必生天上，所谓"人身难得"，"佛法难闻"，净化世间在人中。致人世和乐，阶梯出世之寂灭，此佛法之世间净化也。净化之道有三：曰施，曰戒，曰定。然施不如法或无戒，生大力鬼、畜中，非世间所贵。若不以进趣出世而修定，为定力所拘者，生长寿天中，不特乐极生悲，亦无以阶梯出世。施摄众而常杂恶，定离恶而多独善，施、定非不善，终不如净戒之处众不碍众，自他俱利而和乐善生也。释尊有云：吾为汝说过去、未来，不知汝信不信，且为谈现在。准此意以读释尊本教，则于十方世界谈此土，三世时劫重现在，一切有情详人类。即此土、此时之人类以明世间之净化可也，岂必动言十方世界、一切有情哉！人之生也，缘爱生，与爱俱。自体爱，境界爱，其所爱不必同，而求畅达其生存则一。爱以乐起，乐者爱之不欲离；苦者未得不欲得，已得求所去，意在爱未得之乐而欲得之。乐其乐，生其生，是为世人之情。我欲之，人亦欲之，即自情以通他人之情，"自通之法"，尽人之乐而遂人之生，谓之"善"，人生道德之十善基于此。

十善者，不杀生以绝内命，不偷盗以夺外命，而个人于是乎乐生。不邪淫以破室家之好，而家族于是乎乐生。不妄语乱是非，不两舌以破和合，不恶口以予人难堪，不唐言绮语以启人邪思，而社会、国家于是乎乐生。此七者，曰"善业"。身、语之动动于意，不贪而后能克己，不嗔而后能恕人。此二者，曰"善心"，善心者情意之善者也。正常之情意与行为，必因正确之认识，曰"善意"。善意者，信业报，明因果，知善恶，不邪见者而后知所以自处，知所以处人。十善行而仁政兴，灾难息，修、齐、治、平在十善。行十善而现生乐，后生乐，近涅槃乐，和乐善生在十善。人无贤不肖，莫不本乐生之情而动。不肖者虽常苦他、害他而遂己之乐生，然亦未尝不欲人之予以乐生，此乐生之十善所以为世之常道，释尊因而教之。又以化在世间，身、语为重，阶梯出世，禁醉乱之无知，乃别启五戒（不杀、不盗、不邪淫、不妄语、不饮酒）之教。五戒、十善，本于自他共处，非一人之戒善；自行，教他行，赞叹行，随喜行，必自他共行，乃足以致人世之和乐善生。不欲此世之净化则已，求净化，欲以大同、和平、自由为鹄者，离五戒、十善，不可得也！

虽然，自他共处，世事繁多，离合存夺，不可名状。戒善重于止恶，净化世间不离此；然唯此，则乐个人之未来生而有余，乐群众现在之和谐共存则不足。释尊为在家众多说施、戒、慈定以处世，戒偏于止恶；为出家众多说戒、定、慧以出世，戒不仅止恶，和乐共处之法制，即寓于其中。种族无优劣，职业无贵贱，四姓出家同姓释。僧事者，众人之事也。众人事，非一人治，非少数人治。"我不摄受众"，佛灭无大师，一切决于僧羯磨（会议办事）。出家者，受同一教育，守同一戒律，其学而无成者曰哑羊，乱法纪者曰无羞，不使预羯磨。德学集团会议而主僧事，非少数人主，亦非侈言群主。彼无识无行者，如何能主！徒为狡黠者所利用欺骗而已。沓婆受谤，佛明知之而令自白于众，举道德之化而一一纳诸法轨之中也。论经济，有四方僧物，有现前僧物，众人共有共享之,亦随时随地而有别。如法受别施,受别请,此私有经济,制标准而或出入其中。超标准之私物,生则公诸众而不得隐,死则大分没为僧物。犯罪者,悔则服务以净罪,不悔则默摈不齿以为刑。凡此种种,莫非自他和乐共存之制。此自他和乐共存之制,唯限于出家众,白衣不许闻问,何哉? 盖不能见容于封建阶级独善之当世,故不得不隐之以待时! 即僧制以论自他共处之群制,而世间乃有和乐平等。思想正左右则"见和",资生均贫富则"利和",法制齐上下则"戒和",此三,和之体。具和之体,必有和之相:情投意悦则"意和",翔实雅正则"语和",光明礼敬则"身和"。摄同行同愿六和之群众,行自乐乐他、自生生他之十善,净化世间为大同、和平、自由,可立而待也。

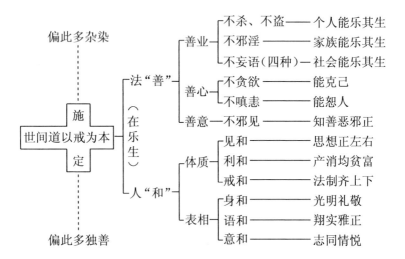

虽然,世间以有情为本,有情体有而相生,莫不悦生而恶死,厌苦以求乐。独不知有情之乐生,即众苦之本,有在即苦在,有生即苦生。厌苦而苦不尽,求乐而苦来;生不常而死继之,奈何!

致人世之和乐,非不善也,然身心无常变易苦,自他共处离合苦,器界依存拘碍苦,有即苦而苦即有,又奈何! 和乐善生之净世,不足以持久。昔顶生王以十善化四洲,分帝释之半座,然时移、人亡则政息。善眼十善化弟子,自修慈定生三禅,功德巍巍,而今安在? 有生必有灭,合会终当离,世间之实相如是,吾人其奈彼何?

第三节　世间之解脱

有情为世间之本,染著于乐生而不知乐生之即苦。身心和合必变异,"生、老、病、死苦"也。有欲则有净,有欲则有厌,自他共处必凌夺,"爱别、怨会苦"也。器界共感不以一人为转移,共用不为一人所摄取,"求不得苦"也。苦虽无量,五蕴和合而苦生,故曰"略摄为一,五蕴炽盛苦"也。有在即苦在,有生即苦生。不特苦受之为苦,乐受为坏苦,不苦不乐为行苦,世间与苦,一体而异名耳。若知此者,人身难得,如盲龟遇浮木;佛法难闻,如见优钵昙华。如不即此人身,不即此和乐善生之人生以向出世,岂非入宝山而空手回软! 虽然,出世之道,未易言也。世之求离苦而超此世间者,见老、病、死之为苦,乃欲驻颜于仙国,永生于天堂。见爱别、怨会之为苦,乃欲隐身山林以傲世,离尘世而神我独存。见求不得之为苦,乃欲蒙神之恩宠,以供献市富贵,变化自在,声色自娱,净妙庄严。见五蕴生之为苦者,乃欲自杀以毕命。前三者见于常,求有之相续,生之不已,乐之不涯,本有情乐生之世间心行以求出世,如"煮沙成饭"。此而可以超脱世苦,孰不能毕苦哉！后一堕于断,不知有有相续,生生不已,病在有情之染爱。我法爱之不尽,乃欲一死以为快,"老牛败车"之类也。此而可以毕苦,则凡死者莫不解脱,何至生生不已之狂流,奔放无极而至于今日！然则奈何？曰:有佛法在。出离之道唯一,曰八正道。八正道以正见为首、为导。信业果,明善恶,世间之正见,未足以言出世。有有之相续不已,源于爱取之乐生,乐生故苦苦相因,死死不已。惟不著乐而后能厌苦,不染生而后能寂灭。拔乐生之根,乃入于不死、不苦之境。离苦以入寂,在解有情之本无。以昧于缘起无我,故味著而爱取滋生。此即苦之有情,若有真实之自体,又如何能灭之？唯达有情之本空,乃能不染于乐生,故出世正见,以空为本也。且引经略叙之。"空诸行":名色、五蕴、六处、六界,行也。有情之所依,亦有情之所取,似有真实,而实唯性空之缘起,故曰:"眼等,眼等性空。生无所从来,去亦无所至。是眼不实而生,生已尽灭。有果报,无作者。阴阴相续,以世俗故说有,谓此有故彼有,此生故彼生。"盖因缘所生法,即毕竟无自性,生亦非实生,灭亦非实灭。若实生者,不灭则堕常,可灭则成断。中道正见,此唯是空行生,空行灭,如幻如化之缘有耳。不知诸行空者,情滞于有,未闻滞有而能灭即苦之有也。此如尺蠖之有所依,即不得无待而游。此性空之诸行,"无常,无恒,非久住,不安稳,是变坏法",诸行无常义也。不安稳而可坏,无常之所以即苦。知此者能厌,厌切则能离染而得脱。然无常乃空行之生灭,阴阴相续之生灭,故若以诸行为无常,而又说诸法不空,或说止于现在,决非真知无常者。即此性空生灭之诸行,"无我无我所",诸法无我义也。无常故苦,苦故无我、无我所。得无我智者,则于自体爱、境界爱而离欲。世间以有情为本,而惑者不解有情为性空之行聚,取自我为实,曰我见,我见为生死之根本。见浅者,直闻无我即离欲。若无有我,何得复云是我之所?塞其源而流自竭,拔其根而枝自枯,不劳说一切法空也。见利者,闻无我,似解而未解,执我所依、我所取者以为实,曰法见(我所见),法见乃死生之网罗。为彼广说一切法空,"一切法尚空,何况我耶"!"若取法相,即著我、人、众生、寿者"。博学而能反约,还自无我智入。以无我、我所故,"无余断,吐,尽,离欲,灭,息,没。余苦更不相续,不出,不生。寂静,胜妙。舍一切有余,一切爱尽,无欲,灭,尽,涅槃",涅槃寂静义也。涅槃者,寂灭义。乐生之爱尽,死苦之有灭,前蕴灭而后蕴不生。若厉风济而众窍虚,眩瞖除而空花失,了无踪迹,不复可以心行、言语得之。有情之所以能涅槃解脱者,以一切法性自寂灭耳。法性空,似生而实不生,"不生不灭,法如涅槃",此以空义成立之。空行生者,生必灭尽,"以生灭故,寂灭为乐",此以无常义成立之。不以无我智达我法空,离三有爱,虽空行生灭本来寂,而幻幻相依,化化相引,此有故彼有,此生故彼生,无自性之缘有,生生不已而众苦永在。以无我我所智,达有情空,见正法性,离无明而得慧解脱。不复染著三有,离贪爱者得心解脱。若所依蕴在而涅槃智生,曰有余依;前灭后不生,曰无余依。待彼生死之有生,曰"此无故彼无,此灭故彼灭"。若直论涅槃,非有、无、生、灭,非苦、乐、断、常,以此皆世间有情事也。或者,见其为澹泊空寂而妙存之,则曰真常、妙乐。言之非不成理,闻者非不爱乐,而不知由于有之永在,生之不已,乐之无涯,乃世间有情心行之想像成之。

即空行聚而见三法印,知厌,离欲,得解脱,古仙人之道也。惟此一道得清净,无二亦无三。此所以"空为无二寂静之门";"离三解脱门无道无果";"若诸法不空者,不动不出"。于性空缘起见三法印,曰"正见",正见即般若之异名。见正者一切正,摄导诸行入一切智海。诸有欲破魔军,离爱网,越生死河以登涅槃城者,非正见不为功。识稠林、深坑、险隘、歧道,知魔军窟穴,知彼知此者,乃足以克敌制胜。即正见以端其志,决其所行,在厌苦、离欲、得解脱,"正志"(或译正思惟)也。谋定而后发,破釜而沉舟,毅然成行。离口四过,翔实雅正,赞佛法僧,"正语"也。离身三失,举止动静合乎律,光明礼敬,"正业"也。如法清净以活命,易养易满,"正命"也。此三者守护六根,起居有节,饮食知量;勿惊魔众,勿为魔扰。此如行军者之齐步伐,精战术,严纪律,充军实,敌人望风而披靡。禅观经行,昼夜精勤,勇猛不退,止恶生善,"正勤"也。不以小胜而骄,不以小损而怯,直入无难,克敌而后已。眼所见,耳所闻,手足所拟,莫非敌也。语默于此,动静于此,在厌苦、离欲、得解脱,"正念"也。破魔军,登涅槃城,王师所过,七邑不惊,"正定"也。慧因定发,定得慧融,寂然深入无生忍,脱然无系,涅槃名为大定窟也。

于空行聚正见三法印,导八正道行入涅槃,解脱之道,唯此一门。然有情之根性非一,有厌心切,急求出离者,声闻也。有彻见缘起,悲心深入骨髓,一切有情无始来相为亲友,盲无慧目,沉溺苦海与我同,我何忍独出于生死!于是充悲悯之心,行悲济之事,不疾断烦恼以求证,但知行其所应行,初不以自证之胜妙为心。"一切智智相应作意,大悲为上首,无所得为方便",行六度、四摄以利世,菩萨也。三鸟出笼,三兽渡河,三乘共辙,智慧功德相距不可以道理计,而其同入无余涅槃为究竟,则不复有胜劣之差。释尊之本教,虽穷深极广,而亦简易可知,因为钩玄、探本,述其法门之体系如此。

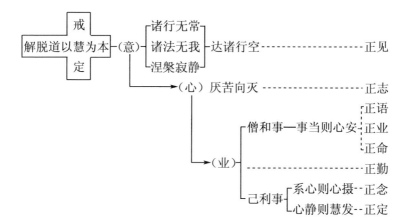

第四章 圣典之结集

第一节 王舍城之第一结集

佛灭后,第一大事,厥为结集圣典。盖佛在依佛,佛灭则唯以法、律为师。佛之教授(法)、教诫(律),虽传布人间,然求其持而不失,纯而不滥,则有赖于结集。结集,等诵或会诵之义。即于众中推出精谙法、律者,因上座之问,而诵出经、律,经大众为之审定。文句既定,又从而编次之,垂以为典则。圣典之结集非一,以王舍城之五百结集为始,故此为佛典之根本结集也。其结集之缘起者,初摩诃迦叶,知佛灭期近,与五百比丘自王舍城首途,由波婆赴拘尸那。途次,遇一手持曼陀罗花之异学,得悉世尊已入灭七日。比丘之未离欲者闻之多恸哭,无学者亦默然不乐,跋陀罗独欣然曰:"大沙门在时,是净是不净,是应是不应,吾等恒为所困。今者得自在,可适吾等意,欲作而作,不作而止。"大迦叶闻之,慨然。于拘尸那礼葬竟,思所以住持正法,以免痴人之秽乱,以结集圣典谋诸众,得众所赞许,乃选得五百人以任其事。迦叶以阿难犹在学地,初不拟"以阿难在数中"。众比丘以阿难久侍释尊,多闻第一,故曰:"大德迦叶!应取阿难足五百数,此是众圣意也。"迦叶以众议,允之。议定,大迦叶与阿那律,分率圣众赴王舍城,以结集事告阿阇世王,请于城北七叶岩修建精舍以安众,并于结集期中,日供饭食,以免乞化之劳。阿难一人独行,过毗舍离,于大迦叶深致其悲感之思:"世尊已涅槃,我今正欲依附,云何持我作疥瘙野干!心生不悦。"乃专精行道,断残结得无学果。证罗汉已,往王舍城预结集。是年夏安居中,集和合僧,以迦叶等为上座。先推优波离登高座,诵出"毗奈耶";次由阿难诵出"修多罗"(达磨),大众共诵,定为佛说,凡三月而竣事(觉音传凡七月)。时佛灭初夏,即阿阇世王在位第八年也。

根本结集之圣典,或言唯"经"、"律"二藏,或言"经"、"律"、"论"三藏,或加"杂藏"为四藏(《增一经》序),或更开"杂藏"为"杂"与"菩萨"而成五藏(《分别功德论》、《成实论》)。其"杂藏"与"菩萨藏",下当别论之。"经"之与"律",其内容如何,虽犹待考订,而阿难诵出"修多罗",优波离诵出"毗奈耶",为后代一致之说,确实可信。至于阿毗达磨"论藏"之结集,则吾人不敢遽以为信史也。何者?微特《大众律》、《五分律》之所不载;即载其事者,如《四分律》、《善见律》,亦附见于"经藏"之末,而不明结集之人;即明结集之人者,亦复传说不一。论及"论藏"之内容,又莫不以自宗所尊信之论典当之。传说若此之纷纷,其可信耶?正以根本结集之无此也。

所据典籍	诵者及作者	论典之内容	部　　别
集藏传、分别功德论	迦旃延撰以呈佛	（意指毗勒）	大众部传
十诵律毗尼序	（不明）		
智论	阿难诵	五戒等（意指法蕴足论）	有部传
毗奈耶杂事、西域记	大迦叶波诵		
四分律、毗尼母论	（不明）	有难无难等五分（意指舍利弗毗昙）	法藏部传
善见律毗婆沙	（不明）	论事等七部阿毗昙	铜鍱部传
真谛部执论疏	富楼那诵	（不明）	（不明）

五百结集，大迦叶实促成之。其丰功伟业，泽被后世，吾人无间言矣！然未能集思广益，求其备且当，而匆促成之；虽圣者离欲，心无染著如虚空，而习气所引，究不无圭璧之玷也！释尊晚年，上首弟子舍利弗、目犍连先佛入灭，其常侍佛左右，历廿五年而不离，称逐佛转法轮者，允推阿难。大迦叶不慊阿难，佛世已启其机，佛灭而其迹益著。佛谕迦叶以为众说法，每以"有比丘闻所说法，不忍不喜"为辞。曾于佛前指责目连及阿难弟子共相论义，阿难告以"且忍，尊者！此年少比丘少智"，而迦叶竟以"汝且默然，莫令我于僧中问汝事"答之。因众以抑阿难，辞锋咄咄，若不知有佛在者。偷罗难陀尼不满迦叶之先阿难说法，讽以"如贩针儿于针师家卖"。迦叶即广显证德，于阿难及"尼众中作狮子吼"。迦叶受窘于尼众时，即谓"我不怪汝等，我怪

阿难"。盖迦叶头陀第一,严肃而好远离,为耆年苦行者所重;阿难则多闻第一,和忍而乐化他,为少壮悲解者所资。一则薄视女性,一则求度女人,个性不同,所见自难苟合也。当结集之初,迦叶不欲以阿难入数中,有把臂推出之说。虽以众议而允之,犹责阿难以六突吉罗,竟以求佛度瞿昙弥出家、不请佛住世等为阿难罪,此岂持平之论哉! 于结集时,阿难传佛遗命:"大众若欲弃小小戒,可随意弃。"迦叶以"世人既知释子沙门所当护持之戒矣,今若弃小小戒,人不将谓沙门瞿昙所设戒法,以师逝而与烟俱消! 为免此讥,佛所未制,今不别制;佛所已制,不可少改"。其说虽持之有故,而显违佛训,拘滞不通,驯致戒律之在后世,务为繁文缛节,而失其适应之能。此犹可也,又以阿难之不问小小戒,判为犯突吉罗。以地则王舍城为迦叶游化之区,以人则五百多头陀苦行之侣。阿难虽"不见罪相,敬信大德,今当悔过",被抑于上座而无可如何。夫忍结不断以侍佛,忍上座之责以竟其诵出经藏之功,柔和慈忍如阿难,洵不可及也①!

大法结集竟,尊者富楼那引五百比丘自南山来。大众告以"昙摩、毗奈耶结集已了,宜共许此"! 富楼那曰:"诸德结集佛法,自是。然我从佛得闻之法,亦当受持。"迦叶乃复与富楼那共论法、律,唯内宿、内煮等八事(《五分律》作七事),富楼那谓释尊制而复开,迦叶则谓开而又制,终于各行其是。《僧祇律》则谓迦叶结集已,"唤千比丘入",因有舍微细戒之诤。总之,五百结集仅为少数人之结集,当时即未能得大众之同意,则无可否

---

① 参阅《王舍城结集的研究》(《海潮音》四六卷・四期)。

认者。大迦叶领导之结集,于初四百年佛教之小行大隐有关,故特为摘发之。此第一结集,虽未尽惬人意,然上座迦叶为时望所宗,护法阿阇世为摩竭陀之主,当时既无较完善之结集相颉颃,故仍为一般所宗信。惟律重根本、道通兼济之思想,自由流布于人间而已!

第二节 毗舍离之第二结集

佛元百年间,佛弟子传持不绝,圣教之化力日张。自波吒利弗城(或译:波利、波多、波多罗弗、波罗离子),沿恒河西上,经拘舍弥、摩偷罗,而西北及于印度河流域,西南达德干高原。东方则毗舍离之佛教日盛,与波吒利隔河相望,形成东西两系焉。当第一结集,众意已未能尽同。阿难虑摩竭陀、毗舍离双方之不满,乃于恒河中流分身入灭,足以见分裂之机。经百年之酝酿,因人地之分化,乃有七百结集之举。阿难弟子有耶舍者,波利比丘也,游化至毗舍离,于大林精舍中住。见跋耆族比丘,布萨日以金钵盛水,白衣来,辄呼曰:"诸贤,其施大众以钱!大众将以此购易所需。"耶舍不以为然,不受分,且明斥为不净,申其理于白衣之前。跋耆比丘以耶舍诽谤大众,启白衣之疑,议为之作摈羯磨,耶舍乃西行。受畜金银,为引起结集之因,《僧祇律》即唯传此事。若依余律,则不止此一端,谓跋耆比丘凡有十事非法云。耶舍去摩偷罗,访三浮多于阿呼恒伽山,谋有以纠正之。又共访精通法律之名德离婆多于僧伽奢,得其赞可。乃遣使广集波利比丘之在阿槃提(阿夆荼)、阿膰脾(伐腊毗)、沙祇(奢羯罗)及摩偷罗等地者,共下毗舍离以论之。跋耆比丘闻之,亦遣使四出,以"波夷那(即跋耆)、波梨二国比丘共净,世尊出在波夷那,愿大德助波夷那比丘"为言。波利比丘既来,众口纷呶,末由取决,乃推代表九人——萨婆伽罗、离婆多、三菩伽、耶舍、修摩那、沙罗、富阇苏弥罗、婆萨摩伽罗摩、阿耆多以决之。时参与结集者,凡七百众,共会于婆利迦园。离婆多就十事一一发问,萨婆伽罗则一一答之,判为非法。传说如此。

据觉音等所述:当时之跋耆比丘,不以彼等之判决为然,仍遂行其所见,集比丘万人,别为结集,号大结集。国王左袒之,波利比丘乃被逼西避。《僧祇律》谓陀娑婆罗(优波离之弟子,疑即婆萨摩伽罗摩)诵出"律藏"。锡兰《岛史》及觉音,则说七百比丘断定十事非法后,即诵出法、律,以八月终其事。比较众说而观之,则七百比丘即波利比丘之东下及同情加入者。九代表之共论十事,实未获得定论,相持不下,乃各行其是。一则西方比丘之上座结集,一则东方比丘之大众结集。国王不满客比丘之少数固执,下令逐客,或亦有之。

十事之判为非法,实波利系比丘片面之辞。于此有不可不知者,则后世之所谓正统佛教,乃受波吒利城阿恕迦王之护持而形成者。吾人今日所据之史料,多为波利系之说,求其当于事理,盖亦难矣。即十事为论:一、角盐净:听许贮盐于角器中,食时取着食中食之。净即听许之意。二、二指净:日影过中,横列二指之长,亦得进食。三、他聚落净:到他聚落得复食。四、住处净:在同一界住者,不必一布萨,得随所住而各别行羯磨。五、赞同净:得先为议决,后于僧中追认之。六、所习净:即听许先例。

七、不攒摇净：未经攒摇之乳，即未去脂者，得取饮之。八、饮阇楼凝净：未酸酵及半酸酵之椰子汁，得取饮之。九、无缘坐具净：造坐具得不用边缘而随意大小。十、金银净：即受畜金银。此十事，现存各律并判为非法。然以吾人所见，则一、二、三、七、八、九，事关饮食，应即小小戒可舍之例。六为环境惯例之适应，其不碍解脱可矣，正不必一一与世俗争也。四、五疑出于僧事日繁，而多众和合之不易。受畜金银宝物之戒，缘起于摩尼珠髻聚落主，盖禁其为严饰也，故曰："若自为受畜金银珍宝清净者，五欲功德悉应清净。"其铜钱、贝齿等课币，纵有所禁，亦突吉罗而已。然则商业发达，金银成为社会常用通货之时，"乞以购易所需"，是否如耶舍所见之绝对不可，亦有所难言矣！

于此结集中，有萨婆摩伽罗婆（或译：婆飒婆、婆沙蓝等）、阿耆多（或译阿夷头）其人。藏传当时有上座婆娑波，受纳金钵，夜遣比丘持赴市中收集金宝施物，应即萨婆摩伽罗婆，跋耆系比丘之一也。真谛等传说五百结集时，别有界外结集，聚众万人，以婆师波罗汉为上座，殆亦即此人。后之大乘学者，欲托古以自厚，故移婆师波领导跋耆系之史迹，结合富楼那等五百人事，以成王舍城界外结集之说也。阿耆多，译无胜或难胜，与弥勒菩萨同名。《四分》、《十诵》并谓阿耆多受戒五岁，本难预结集之席，以其堪任教化，精识法律，乃立为敷坐具人，实为九上座之一。其青年明达，厕身上座之席，可谓创举！《增一经》序谓第一结集时有弥勒；大乘者每谓阿难与弥勒集大乘藏，固亦事出有因。阿耆多，应是跋耆系之青年英俊，与大乘佛教之关系特深。惟移此佛灭百年顷事，属于第一结集，有未尽然耳！参加此第二结集之上座，除阿耆多外，不出阿难、阿那律、优波离之弟子，其时代不能后于佛元百年也①。

第三节　传说中之第三结集

第一结集，有意见之异而未分裂。第二结集，则上座、大众已各为结集。依佛教之传说，则更有所谓第三结集者。考其实，乃上座所出之三大系，根据旧传而各为自宗圣典之整理。此固事所必有，然传说纷乱，事多难凭，其时代与经过，卒莫得而论定焉。有云：佛元一百三十七年，波吒厘子城有魔名众贤者，作阿罗汉形，致僧众共净，凡六十年。有犊子比丘，集和合僧而息其净事，名第三结集，时护法为难陀王云，此犊子系之传说也。或云：佛元四百年，迦腻色迦王信说一切有部，集五百大德，于迦湿弥罗集三藏，裁正众说，此说一切有系之传说也。此皆不尽无稽，而事多错失。华氏城与迦湿弥罗之结集，下当更论之。

第四节　法毗奈耶之初型

释尊之教法，唯一达磨——"法"，贯摄义理，无非经也。以遮显之相待而成，渐分流为二：即法之行善以悟入真实者，曰教授，曰"法"；法之止恶以调伏妄念者，曰教诫，曰"毗奈耶"（律）。"法"之与"律"，初非判然之二物，然释尊晚年，此二者

---

① 参阅《论毗舍离之七百结集》（《海潮音》四六卷·六期。《华雨集》（三）五九——八五，本版四〇——五七）。

已大异其趣。教授之"法",即忆持释尊断片之开示,精炼为定型文句,转相教授,曰"句法"。此种种之句法,佛世已有编次集合者,如亿耳所诵之《义品》(八章,或云十六章),即其一也。以文字为断片之记录,容亦有之。其教诫之"律",随犯而制为定文,半月举行布萨,朗诵佛制,即《波罗提木叉戒经》是。佛入灭已,弟子集种种句法为"经藏";以《戒经》为主,间及僧团之种种规制,集为"律藏",盖即承此法、律分流之余绪而编集之。后世所传之"经"、"律",杂以学派之言,互有出入、增减,编组之次第亦不同。孰为圣典之旧,孰为演绎引申或羼入者,极难言其实,然彼此仍有其一贯之迹,吾人即其同者以推论为圣典之旧,要无大过。略言之,佛灭百年,当部派分裂之顷,必有一共许之"经"、"律"在。迨部派分流,而"经"、"律"乃日形改观也。

先就律典言之,以《僧祇律》之制作为近古。彼分"比丘律"及"比丘尼律"为两大纲,又各分"毗尼"、"杂跋渠"、"威仪法"之三。此以"比丘律"为主,次出"尼律"之不共者,颇合于当时佛教之精神;较之上座分别说系诸律,次"尼律"于"犍度"之前者为当。即其三类之分,既合于"学威仪、学毗尼、学波罗提木叉"之三学,亦与"受戒聚、相应(杂)聚、威仪聚"之三聚合。"毗尼"部乃《戒经》之分别解释,即巴利"律藏"之"修多罗毗崩伽"也。《戒经》分波罗夷等八类,诸律无异;即出入最大之众学法,着衣及受食等事,亦大体从同。分别《戒经》以下,诸律极开合之异。《僧祇律》作"杂跋渠"与"威仪法"之二,虽不必即古本之真,亦较为近古。何者? 一、《僧祇律》之"杂跋渠",标偈而牒释之,随事类及,简朴而次第微嫌杂乱,此初编之应尔也。二、

"杂跋渠"即"相应品",即随事之相类而类别之;"威仪法"多为日常生活之拾遗,此与《五分律》之十九法、《四分律》之二十犍度、《十诵律》之十八事,虽次第不尽同,而内容多合,此可以覆按知之。三、法藏部(?)之《毗尼母论》,萨婆多部之《毗尼摩德勒迦》之"杂事"(即"杂跋渠"),《十诵律·善诵》之初分,并牒句而为之释。其牒句与《僧祇律》"杂跋渠"及"威仪"之牒释,虽次第或异而文义相当。其显然可见者,则以"五百结集"及"七百结集"厕其中也。此"毗尼"之"本母",渊源有据,准此以比较诸家之广律,则开合演变之迹,历然可指:一、嫌其次第之微杂而改组之,演绎补充之:集出"受具"、"布萨"、"安居"等大事已,"杂跋渠"中所遗之"杂事"与"威仪",《五分律》集之为"杂法"及"威仪法",《四分律》集之为"杂犍度"及"法犍度",犹沿用其旧名。《有部律》合之为"杂事"。其"杂跋渠"中之结集事,《四分》、《五分律》并以之殿"犍度"末。此因"杂跋渠"及"威仪"之旧而改组之,故虽缘起次第各异,而大体犹同。二、即此整理者,嫌其未尽而施以抉择分别(初附于诸事中):或分别波罗夷及僧残;及于波罗提木叉之全;或及于犍度;或增一为次。如《四分律》之"调部毗尼"、"毗尼增一",或《十诵律》之"优波离问",《善见律》之"舍利弗问",并《僧祇律》《五分律》之所无。此盖后人之分别,藉优波离等以自重,文既后出,宜其有无出入,邈不相及也。《十诵律》之"善诵",本抉择分别之作,而保存"杂事"之古述于其中,使吾人得以推见《僧祇律》之近古,何幸如之!

此犹学派分裂顷之律典,未足以言初型,请更进而论之。《戒经》之编次,以罪相之轻重为类:有犯而宜摈者,集为波罗夷;犯而宜治罚者,集为僧伽婆尸沙;虽可决其犯重而判别未明者,集为不定:此三重罪也。有犯而宜忏悔者,集为波逸提;波逸提中,有以资具之与他属己而成犯者,则物应舍而罪宜悔,别集为尼萨耆波逸提而列之于前;有犯轻,但向他悔即可者,集为波罗提提舍尼:此三轻罪也。六者之文句、次第,因部派而或出入,然察其演变之迹,犹得想见其为古型也。各家律此下并有众学法与七灭诤。然众学法出"威仪法"中,结句云应当学,与前六者之结罪不类;七灭诤乃悔过、息诤之作法,出"杂跋渠"中,与波罗提木叉之名义不符。此二者,宜为后学者诵习之方便而附益焉。古本之《戒经》,应为四波罗夷、十三僧伽婆尸沙、二不定、三十尼萨耆波逸提、九十二波逸提、四悔过,凡百四十五戒而已。《婆沙》引经云:跋耆比丘闻诵戒一百五十事(汉译改为二百五十),盖波罗提木叉之古本也。"杂跋渠"与"威仪",以五百结集、七百结集事厕其中,则亦非七百结集之旧。原始结集,僧事连类而鸠集之,曰"杂跋渠",末附以五百结集之记载,犹书籍之后记也。七百结集者,取而详审董理之,又附记七百结集事于后。此下之种种,多"威仪事",附丽于"杂跋渠"之下,殆七百结集之后,阿恕迦王之世乎! 诸家虽分之为二,有部俱总名之为"杂事",犹可见古型之唯一也。锡兰《岛史》谓"大众之徒,弃甚深经律之一分",可谓以不病为病者也。跋耆比丘受百五十事之戒本(或已包括七灭诤在内),实即暗示七百结集时之跋耆系,彼等继承小小戒可舍及富楼那系之精神,贵得大体而不务琐细,传习旧传之律文为已足(参考第六章"学派之分裂")。若波利系比丘则反是,深入微细而流于繁琐,比丘惯习之生活,事无巨细,一一为之审定,而附于"杂跋渠"之后。次第之杂乱者整理之,事理之不详者分别之,上座系重律而律之古型失。虽然,此威仪等事,非谓事事后出,固亦有佛世而习行者。大众系于律,本为守旧者,迨波利系得势,大众系亦不得不稍事更张矣。七百结集之律典,犹可得而议,古则吾不知。然学派未分,要当无大异也。

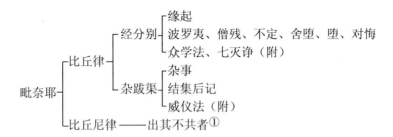

达磨即"修多罗藏"之结集:据典籍所载,僻处西北印之萨婆多部,唯《杂》(亦译"相应")、《中》、《长》、《增一》四阿含;余部则有第五部之"杂藏"。《杂阿含》随事义之相应者而类别编次之,如处与处相应,界与界相应,义相应而文则杂碎。《中阿含》经文不长不短。《长阿含》则经文甚长。《增一阿含》以数相次而集经,一而二,二而三,乃至多法。"杂藏"或为四含所不摄,或自四含中集出,内容多出入,诤论之所在也。四含之次第既有异说,各家所诵之经文亦具缺不同,编制亦异。学派之异见,固不仅解释不同而已。

────────

① 有关律典之集成,参阅《原始佛教圣典之集成》。其中,戒经之初型,如第三章第四节;依毗尼本母而集出诸犍度,如第五章第一至三节;毗尼之附随,如第六章第二节;律典之原始组织,如第六章第三节。

	铜鍱部	化地部	法藏部	大众部	有　部
长阿含	一、梵动经等	一、增一、增十、大因缘至梵动	一、梵动、增一至增十、帝释问经	一、	二、
中阿含	二、根本说经等	二、	二、	二、	三、
杂阿含	三、五十六相应	三、杂为四众、天子、天女说	四、杂比丘比丘尼、优婆塞、优婆夷、杂天、杂帝释、杂魔、杂梵王	四、根杂、力杂、觉杂、道杂等	一、蕴品、处界品、缘起品、声闻品、佛道品、伽陀品
增一阿含	四、一集至十一集	四、一增至十一	三、一事至十一事	三、一增至百	四、一句事至十句事
	五、小诵、法句、无问自说、如是语、经集、天宫事、饿鬼事、长老偈、长老尼偈、本生、解释、无障碍道、譬喻、佛种姓经、行藏——凡十五部	五、其余杂说	五、生经、本经、善因缘经、方等经、未曾有经、譬喻经、优婆提舍经、句义经、法句经、波罗延经、杂难、圣偈经	五、辟支佛阿罗汉自说本起因缘	(无)

	铜鍱部	化地部	法藏部	大众部	有　部
附记			《毗尼母论》云：修多罗乃至优波提舍与杂藏相应者，集为杂藏。	《分别功德论》云：或佛说，或弟子说，或诸天赞颂，或说宿缘，三阿僧祇菩萨所生，义义非一，多于三藏，故曰杂藏。	

"杂藏"中之"本生"、"本事"等，萨婆多部亦有之，然以此为经、律所固有，无有出三藏外者。此"杂藏"之离四含而独立，非结集之旧。虽有目之为"小阿含"者，然律文但曰"集为第五杂藏"，不名之为阿含，是异之也。虽然，"杂藏"后出，而内容则有极古者，此不可不知也。"杂藏"之内容，与旧传九部经（依《法华》说）之名目多合。不许"杂藏"者，以九部为圣典内容之分类，非部帙之别。然许有"杂藏"者，则"本生"、"譬喻"等，确有部帙之差别可指。九部之说，各派所共信，而解说殊暧昧，即名目亦时异；其与"杂藏"及四阿含之关系，尤多异说。古史无征，难期精确之论定，然详契经之内容，寻学派之流别，则大意犹可说也。

"修多罗"之结集沿革，略经三期而后大定①：

---

① 有关经典之集成，参阅《原始佛教圣典之集成》。其中，初集出《杂阿含》，如第九章；四阿含之集成，如第十章；"杂藏"，如第十一章第一节。

一、集佛陀言行为九部经：佛之世，断片教授之文句，递相教授，曰"句法"。有为之类集者，如《法句》（嗢拕南）、《义品》（阿达婆耆）、《波罗延》（过道）等。余则释尊及弟子之事迹，与"句法"共传人间。佛灭已，弟子取佛之言、行，类集为九部：1."修多罗"，即说法之以散文者。2."祇夜"，即以韵文而重颂散文之所说者。3."伽陀"，即说法之全以韵文出之者。此三虽就文字之形式分类，而实为释尊言教（法义）之类集。今之《杂阿含经》，虽多所演变，犹存当时之旧。何则？《瑜伽论》杂糅大小，而古意犹仿佛可窥。其说四阿含，以《杂阿含经》为本事，余经则依此而为不同方式之编制，故曰"即彼相应（杂）教，复以余相说"云云。其叙《杂阿含经》之内容曰："世尊观待彼彼所化，宣说如来及诸弟子所说相应；蕴、界、处相应；缘起、食、谛相应；念住、正断、神足、根、力、觉支、入出息念、学、证净等相应；又依八众说众相应。……即彼一切事相应教，间厕鸠集，是故说名杂阿笈摩。"此与"诸佛语言，九事所摄"之说正合。此事相应教，大别为散文之"修多罗"，与韵文之"伽陀"（"祇夜"则随文义两摄之）。《瑜伽》谓思择圣教有二："一、思择素怛缆义，二、思择伽陀义。思择素怛缆义，如摄事分及菩萨藏教授中说。"其《摄事分》所说，即《杂阿含》之"蕴相应事"等。其思择"伽陀"义，则十九为《杂含·八众相应》文。释尊法义之教授，初类集为"修多罗"、"祇夜"、"伽陀"三部经，与今之《杂含》相当，实无可疑者。《杂含》之杂，即相应义，与"毗奈耶""杂跋渠"之杂正同。随义类而鸠集成编，固原始结集之旧制，若嫌其文段之无伦次，陋矣！4."因缘"者，记佛及弟子之事迹，始终本末，历然有叙

(约现生说。后之《贤愚因缘》、《百缘》、《杂宝藏经》之一一事缘,即其例)。以事缘常为说法之缘,故后人每以因人因事而起解之。5."譬喻"者,不但取譬以说法,凡因事而兴感,亦譬喻也。6."本生"者,说释尊(兼弟子)之宿行。7."本事"者,叙古佛之化。8."未曾有"者,明佛及弟子不思议之证德奇迹。此五部为释尊景行之类集,与前三部迥异。9."优波提舍"者,于法义之深简者,藉问答而解说之,后世之"论藏",即胚胎于此。其传十二部(或较九部经略后)经者,于佛弟子之闻"修多罗"、"祇夜"而证果者,别出而题为10."记别"。佛世"句法"之类集,虽已摄入"修多罗"、"祇夜"、"伽陀",而小型类集之风未替。"五部沙门,竞集法句",或有更张,要皆佛典之极精要亲切者。此类之编集,渊源极古,而内容亦杂。梵本之《根本有部律》,举《无问自说》、《波罗延》、《谛见》、《山人颂》、《贤人颂》、《义品》六种(梵本之《譬喻集》,即集此而成);汉译省略;藏译又增《男上座颂》、《女上座颂》二种于《义品》之前。《根本有部律》之"药事",举《嗢拕南》、《诸上座颂》、《世罗尼颂》、《众义经》(《义品》)四种。铜鍱部之"杂藏",将此数种,摄为《法句》、《无问自说》、《经集》(《义品》、《波罗延》等)、《长老偈》、《长老尼偈》等。《四分律》之说"杂藏",除《优波提舍》等七部外,有《句义经》、《法句经》、《波罗延经》、《杂难经》、《圣偈经》(独缺《嗢拕南》)。此等并法义精要之小集,于十二部经中,11."嗢拕南"摄也。如汉译之《法句》,藏译即题《嗢拕南》。《智论》云:"优陀那者,名有法佛必应说而无有问者,佛略开问端。……又如佛涅槃后,诸弟子抄集要偈,……诸有集众妙事,皆名优陀那。"优陀那有"集施"义,小集皆"优陀南"之类,后世偏以此"优陀南"为"无问自说",非也。是法义之小集,列伽陀之后。12."方广经",与大乘之方等、方广,关系特深,古迹虽不详,似为大行之综合。如是集释尊言行为九部经,"修多罗"之初型,是部帙之部也。

二、演九部经为四阿含:五百结集,人少时暂,释尊遗言景行之未见结集者,所在而有,则宜为之拾遗。碎金、杂锦,非不灿然可观,而杂碎难持。说理者,简淡而中下不及;纪事者,渲染而或传闻失实,则宜为之联比综合。于是或本"相应"之旧文,或取传闻之新义,演绎引申联比之。糅以"因缘"、"譬喻"、"本生"、"本事"、"未曾有"之纪事,构为较长之篇幅。以篇幅之长短得名,曰《中阿含》,曰《长阿含》。其原始结集之事相应("修多罗"、"祇夜"、"伽陀"),沿用相应之旧名,曰《杂阿含》。增一之制,便于诵持,佛世已有之。迨《长含》之《增一》,《增十》,《集异门经》,已日臻发达,《增一阿含》即全以此数目之相次而组织之者。凡一事而再见于四含者,《杂含》则简洁平淡,《中含》犹大体相近,《长》及《增一》则特详。化简洁为长漫,平淡为瑰奇,盖去佛日远,传说久而想像富,此不难比观知之。同一之记载,《长含》辄移其说处于毗舍离,《增一》则又每移于舍卫,殆与编集之地点有关。演相应教为四含,与律典之更张,颇见一致。律则以"杂跋渠"为本,糅以"因缘"、"譬喻"、"本生"等,集为诸"犍度",别之为七法、八法或大品、小品,而仍名其遗余者为"杂事"。法则以相应教为本,糅以记事,演为《长含》、《中含》,而名其本教为《杂含》。阿含之有《增一》,亦犹"毗奈耶"之有《增一》也。四阿含之类集,时、地不详,惟传闻阿难汇佛说九分教而为四阿含。事则应有，人不必阿难。以各派共许四阿含而论之，则犹七百结集以前事也。

三、依四含而立"杂藏"：演九部经为四阿含，四含兴而九部经之古型失。然"优陀那"小集、"本生"等传说，当仍有离四含而鸠集者。七百结集，圣众初破，跋耆系与波利系分化于东西。阿恕迦王时，因五事之争而思为融合。惟波利系之深入西北者（西系），与游化中印者（中系），意见殊不一，佛教乃启三分之势。时彼此圣典亦多所出入：西系尊《杂含》，中系推《长含》，东系（跋耆系）则重《增一》（或作《长含》）。《增一阿含经》，西系唯十事，中系凡十一事，东系则推衍繁广，旧传百事之多。西系与东系，若不两立，优婆毱多不与大天共语；中系则受东系之熏染，态度和缓而折中。华氏城之第三结集，虽犹待证实，然中系之帝须，似得东系之合作，大抵以中系为主，而分别取舍东西之善说，"分别说"之得名，其在此乎！"优陀那"小集、"本生"等传说，虽小异亦视为可留，附于四含之末，"集为第五杂藏"。次四含为第五，而不名阿含，何也？源本佛说，展转传来为阿含，不名之为阿含，是异之也。《分别功德论》谓"文义非一，多于三藏，故名杂藏"。其部类庞杂，更非"杂藏"之旧矣！西系学者，坚拒"杂藏"，虽知佛法多所零落，而宁缺毋滥。中系、东系则佛法务求其广备，摭拾遗闻，未可厚非。彼此所见，各有所是。及其弊也，一则以固，一则以滥。抉择而取舍之，在善学者！阿恕迦王时，文字之用渐宏，圣典传有大部之记录。自此而后，四含虽或出入而大体已定。惟"杂藏"一门，日见弘广，初离"修多罗藏"，而别为第四"杂藏"，又渐递演而出"摩诃衍藏"及"禁咒藏"也。

第五章　阿恕迦王与佛教

第一节　法阿育与黑阿育

佛元百十六年,摩竭陀王阿恕迦(即阿育)立。迦王出佛灭百年后,为大小各宗所共信。自上而下,佛灭于阿阇世王八年,阇王子曰郁多耶跋陀罗王。自下而上,则阿恕王以前,有频头沙罗王、旃陀掘多王、难陀王。其间之王统不详,信古而阙疑,如此而已。铜鍱部者则谓王即位于佛灭二百十八年。自郁多耶跋陀罗王以下,有阿瓷楼陀王、闵蹰王、那迦逮写迦王、修修佛那迦王、迦罗阿育王、迦王十儿、此下乃与难陀王接。详记诸王在位之年,合于锡兰王统,五师传承,一若信而可征者,宜今之学者多依之。然常传迦王出百年后,铜鍱者亦传此时有迦罗(黑)阿育王其人,并谓七百结集时之助跋耆比丘者,即此王云。彼于黑阿育后,隔百年别有达磨(法)阿育出,二阿育之说可疑。考迦王之初立,胁父于死,陷兄于坑,置地狱之刑;其伐羯馁伽也,虏杀无算。铁轮王以铁血定阎浮,暴力可畏,人皆称之为"旃陀阿育"。旃陀,暴恶可畏义也(黑亦恶义)。迨熏陶佛化,一变力政而为德化,人复以法阿育称之,犹言贤德者阿育也。是则迦罗阿育,言其即位之初;达磨阿育,指其信佛以后。铜鍱传误以为二人,视为有百余年之隔,非也。或者虽觉二阿育之无稽,犹以铜鍱传之年代为可信,以迦王为佛元二百年后人。寻统一阎浮之迦王,与优婆毱多、末阐地同时,铜鍱部之《善见律》亦作此说。末阐地为阿难弟子,毱多则其再传(《分别功德论》谓阿难传优多罗,优多罗弟子善觉,与迦王同时),迦王与之同时,其不能后于佛灭二世纪无疑。即以五师传承而论,七百结集之阿难弟子耶舍,即第二师之须那拘,此可于《善见律》知之。彼称耶舍为耶须拘迦,次又曰"第二,须那拘集毗尼藏"。须那拘于优婆离为再传(律),于阿难为弟子(法),与阿难弟子商那和修同时。优婆毱多出商那和修之门,与须那拘再传之帝须同时。虽铜鍱部所传,详五师传承之年,使合于二百余年之说,然此数人与迦王并世,其不能后于佛元二世纪,可断言也。

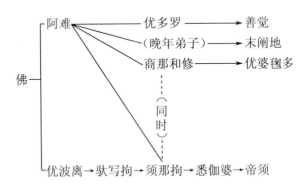

铜鍱部之传说,求于迦王之仁暴而疑,求于同时之大德而疑。其似若可信者,则印度、锡兰之王统年代耳。然印度为无历史国,铜鍱者何知之独详? 此盖由误会而以意为之,非事实也。

《大史》及锡兰《岛史》亦铜鍱传也，详记王统之年代，然准彼推算，则佛灭于西元前五百四十三年，与《善见律》亦有五十余年之差。如彼等所传锡兰建国于佛灭之年，托始云尔，何必可信！七百结集，旧传在佛灭百年（概说）。此后百十余年，有阿恕迦王出。铜鍱之学者，必误以此为百年后之百十余年，乃有"阿育王自拜为王，时佛涅槃已二百十八年"之说。迦王出于佛后百年，亦为彼等所熟闻，而无以明其故，乃误会迦罗阿育与达磨阿育为二人，取传说中之诸王、诸师，制年谱以自圆其说。百年之差，其以是欤！于声闻四大派中，于分别说系四部中，惟铜鍱部作此说。吾信古以阙疑（王统不明），曰：阿恕迦王惟一，登位于佛灭百十六年也①。

　　释尊入灭之年代，且附此一论。佛灭之年代，传有七十余家。我国古德惑于星陨地动之变，多用周穆王壬申入灭说，然此实渺茫难凭，时贤无信之者。推论佛灭之年，莫如依迦王即位之年而逆算之。盖迦王即位于周赧王四十三年，已为史学界所公认，则加以去佛之年代，即佛灭之年矣。近人多信《善见律》、"众圣点记"（铜鍱部所传）等，故出入于西元前四百八十年左右。今衡以迦王时代住持佛教之大德，派遣之传教师，不立迦罗阿育王，固有小乘各派之共说（除铜鍱部），马鸣（《大庄严论》）、龙树（《大智度论》）之说，信迦王惟一人，出佛后百年。此佛后百年，《部执异论》及《十八部论》，明定为"百十六年"，则知释尊入灭之年，应为周安王十四年（西元前三百八十八

---

　　① 参阅《初期大乘佛教之起源与开展》第六章（四〇八——四一四，本版二九九——三〇〇）。

年）。本书据此为佛元，与拉斯之西元前四百年顷、克引及威士达之三百七十年顷说略同。

第二节　阿恕迦王之政教

佛元六十一年，马其顿名王亚历山大，以呾叉斯罗王之请（时印度内乱甚），引兵侵印度。抵五河已，更欲东窥恒河之平原，后以将士不欲东行，乃留守而归。时有旃陀罗掘多（月护）者，出冒狸（孔雀）种姓，乘间纠合西北印之士族，逐马其顿守兵而独立。又东下废难陀王，统一中、西、北三印，再建摩竭陀帝国，是为孔雀王朝，都于波吒厘子城，时佛元六十七年也。越四年，叙利亚王塞留克斯，为旃王所败，退还阿富汗斯坦以和，并遣使美迦斯迭累斯驻波吒厘子城。其人记当时见闻为一书，残篇犹存，故得考见旃王之年代。旃王力护佛教，政治修明，治国凡二十四年。子宾头沙罗王克承厥业，又二十五年而阿恕迦王立，时佛灭已百十六年矣。迦王未立顷，尝平呾叉斯罗之事变，颇得臣民之好评。宾王病笃，群臣拥立迦王，拒太子修私摩而死之，宾王用是愤憾死。迦王承祖父之余绪，雄才大略，讨伐不臣，开印度统一之局。威声惊域外，东之缅甸，南之锡兰，西北之马其顿、叙利亚、埃及等，并畏威怀德，远承其声教。

孔雀王朝大业之成，外由希腊文明之输入，而得力于佛教者尤多。严阶级、崇祠祀、信咒禁、尚苦行，凡此印度文明之积弊而几乎无可救药者，初期佛教无不反其所行。佛教初行于恒河流域，次及西北印，孔雀王朝则据此而崛兴者。亚历山大来侵，受恒河流域联军之抗拒,卒阻其东进之心。亚历山大去,北印即起谋独立。以视二百年来,一任波斯王朝之蹂躏剥削,印度民族之融合精神已有极大之进步,非佛教民族平等论之影响而何？印度民族沐佛百年之化而孔雀王朝兴,其盛衰与佛教相终始。吾人于此,不特引为佛教之光荣,亦引此为后期佛教之遗憾也！

迦王初立,群臣以拥戴功,多有以此骄王者,乃大杀以清反侧。兄弟多被杀,即毗地输迦(亦作帝须)出家为道,似亦不得其善终。兵烽所至,虏杀无算,初期之暴力政治,纵不若记载之甚,要亦无容讳饰者。王灌顶之第九年,始归三宝为优婆塞,并刻石以志悔:"为王者,必先自治而后能伏敌,人而不能胜自身之欲,焉能胜敌人?"启发其信心者,或云护比丘;或云善觉;或云修私摩稚儿泥瞿陀,出家为沙弥,王见而有感,乃归心佛教云。就王于佛教事业热诚观之,则王之正信佛教无可疑,然于婆罗门教、耆那教等,亦予以尊重维护。盖迦王之心目中,宗教乃广义之道德,虽有浅深其间,而同以导人为善。心胸广大,信佛而能予异教徒之信仰自由以尊重,非褊急政治家可及也。王沐佛之化已,诚信为法,仁慈为政,宽刑赋,施医药,废渔猎,睦友邦。为正法之兴隆、人民之安宁与幸福计,历访各地之名德沙门及婆罗门,于国内国外置正法大官以主其事。自灌顶后之十三年至二十八年,凡数发敕令,谓真正之胜利,在宗教而不在武力云。王有为佛教四众弟子特发之敕令,名婆伯那者,敕刻石于巴罗特帝附近之山顶。敕文举佛说之七种法门,以劝弟子修学者,1."毗奈耶要略",2."圣者之自在",3."未来之怖畏",4."牟尼歌",5."寂默经",6."邬波底沙之问",7."始于妄语之罗睺罗教诫"。

王灌顶后二十年,巡礼佛陀及佛弟子之圣迹,自波吒厘子城北上,经毗舍离,至释尊诞生之蓝毗尼园;后循释尊最后游行之旧道,至拘尸那之佛涅槃处,于道中建大石柱五处。其蓝毗尼园之石柱,上刻马像,今犹存下截,刻文亦明白可辨,略为:某年,王自来礼释迦牟尼诞生之处。此巡礼之事,备载于《阿育王经》,盖从优婆毱多之教而为之。今得刻文,益见巡礼之说不虚。王礼菩提树,广施供养,并建八万四千塔,分置佛舍利,遍布阎浮。王所建之佛教精舍,今无有存者。所造之塔婆,唐代玄奘目击者,不下五百余;现已发现者,惟桑琪之一聚,婆尔呼之一塔。又王所建之石柱,分有铭、无铭二类。玄奘所见者,凡十六处,现存止九处。其中六柱,各刻敕令七条,其他刻全同或全别之敕令。王之石刻,于印度之宗教宣传,至今仍有极大之价值也。王信佛法切,三以阎浮施;儿摩哂陀、女僧迦密、婿阿耆,并先后出家;派名德宣化于各地。晚年,王被抑于王子及大臣,怅怅不得志,以半庵摩罗果奉鸡园寺僧而卒。"崇高必堕落,合会要当离",无常法尔,迦王之所信所行为不虚矣! 时佛元百六十二年也。

第三节　阿恕迦王时代之佛教

七百结集时,某王助跋耆系,而有大众之结集。迦王都波吒厘子城,波利系大兴,然跋耆系亦日形活跃。说一切有部传:王因耶舍之说,迎优婆毱多于摩偷罗之优留蔓荼山。王之礼圣迹、建塔婆,胥毱多等教之。《善见律》仅谓因优婆毱多知僧事,助王营建云。铜鍱部传:王因积疑求决,迎摩偷罗阿燃河山之目犍

连子帝须。凡此，皆波利系也。王子摩哂陀出家，奉帝须为和
上，有部之末阐地、大众部之大天为阿阇梨；其后并授以化导一
方之命。此足见迦王之于佛教，虽或尊帝须，而实无所偏党。
《付法藏传》谓：一曾犯逆罪而精通三藏之比丘（与《婆沙论》之
说大天相合），往见优婆毱多，毱多不与语。有部学者之于大
天，备极毁訾，并谓迦王党于大天，圣众相率西避迦湿弥罗云。
此又可见深入西北之波利系，与跋耆系积不相容。当迦王之时，
王意平等，而有部系为跋耆系及波利东系之协调所抑，实不胜其
愤慨也！目犍连子帝须，旧传所不详。惟《识身足论》破目犍连
之过未无体，似即此人。《善见律》之名帝须者不一，王弟毗地
输迦，《善见律》亦作帝须，然则帝须即毗"地输"迦之音转。《大
悲经》云："摩偷罗优楼蔓荼山，有僧伽蓝，名那驰迦，于彼当有
比丘名毗地奢，广行流布我之正法。"其即指此帝须欤！说一切
有者，传迦叶至优波毱多，凡五师相承。铜鍱部重律，传优波离
至帝须之五师（见上表），实则帝须即阿难之三传弟子。初与有
部同以摩偷罗为中心，迨后一东下，一西上，乃分裂为二，若不相
涉耳！

　　铜鍱部者说（真谛浮海来，所传亦当本此）：迦王尊信佛教，
外道穷于衣食，多滥迹佛门，以外道义入佛法中。佛教因此起
净，摩竭陀大寺鸡园内，不能和合说戒者凡七年。王遣使劝和，
不听，使者怒杀僧众。王闻之大惊，至寺悔过，问使者以应得之
罪。或曰：依王所命，应王得罪。或曰：王无杀意，使者得罪。或
曰：两俱得罪。王大惑曰：谁断我疑？诸比丘推目犍连子帝须，
于是遣使迎之于阿忝河山。王从之谘受佛教，知其为分别说者，

即依之沙汰僧侣,贼住比丘多逐归本宗。时博达者犹数百人,以外道朋党盛,恐剪除之为害佛法,乃别建寺以处之。僧众清净已,集学德兼备者千人,和合说戒,并结集三藏,即铜鍱部所传之第三结集也。然此事可疑,试举其异说而辨之。

铜鍱部传说			诸学派传说(除大众系)		
佛灭百年	毗舍离七百结集	迦罗阿育王时分二部	佛灭百年	毗舍离七百结集	国王不明
			佛灭百十六年后	舶主儿大天净五事	阿育王时分二部
佛灭二百三十年顷	贼住比丘起诤	达磨阿育王时	佛灭二百年满	大天净五事	国王不明或作妙云王时
	大众部分出东山等六部华氏城第三结集			大众部分出东山等三部	

铜鍱者所传贼住比丘之争,为东山部等之因,为佛灭二百年许事,与有部者所说大同。然有部以此为后于迦王四五十年,亦不言贼住。铜鍱者以此为法阿育王时颇不合。详东山等部,铜鍱者目为安达罗学派。安达罗为大天教化之区,时大天未行,何得有安达罗学派之分?且铜鍱者传佛灭百年至二百年,佛法成十八部,则十八部之分,先于迦王矣。迦王所遣之传教师与五部等分裂有关,灼然可见。迦王既不应后于佛元二世纪,当时之争,亦不应与安达罗学派之争相滥。旧传优婆毱多后,律分五部;时毱多犹在,五部将分,应为分出东山等末部之争也。虽然,

迦王之世有诤论,则无可疑者,在所诤何事耳!有部系与犊子系,并说佛元百年后,有五事之争,分根本二部。然据大众系所传者察之,此实三系(大众、分别说、一切有)或四派(大众、上座、一切有、犊子)之分争也。此不具论,当于下章"学派之分裂"中辨之。铜鍱者(分别说)之在当时,实与大天等相提携,合力以除大众系之极端者,或亦有之。如共许"杂藏",即是其例。现存之《僧祇律》,亦与铜鍱者相近,波逸提九十二,众学法仅七十左右。大众系称"惟大天一人是大士,诸余皆小节";铜鍱者亦尊为名德之一。有部传当时王党大天;帝须亦取得迦王之尊信,而有所论说。迦王时佛教之争,乃大众系与分别说系相协调,与波利之西系共争五事也。铜鍱者误迦王为二百年后人,因与二百年后之争相混。传说帝须于此时集千比丘结集三藏,余部无此说,似亦渺茫难信。或可共论三藏之义,遮他立自以成书,如所传《论事》之类。

迦王之前,佛教犹局促于恒河流域,间及印度河;以迦王之诚护,佛教乃一跃而为世界之宗教。迦王之赐予佛教,不可谓不深且厚矣!迦王初置正法官,融道德宗教于政治,以促进民生之和乐。次派传教师,专力于弘布佛教,努力于国际之和平。王与叙利亚、埃及等王国,缔结友善之邦交,并藉佛教以宣达国际间之信义和平,虽维持和平仅五十年,然实开国际和平运动之先声也。迦王之传教事业,以西北及东南为最成功。正法官所至之国家及国王之名,见于敕令之刻文者,有叙利亚之安提柯斯、埃及之度莱梅、马其顿之安提谷那斯、克莱奈之马迦斯、爱毗劳斯之历山王(此上即希腊五王国),以及北印之健驮罗,南印之安达罗、锡兰等,可见此皆佛教宣扬之地也。佛教传入希腊五国,颇为时众所欢迎;远至佛元千年,波斯犹有佛教僧在。晚近各该处之考古及发掘,并发现久已湮失之佛教。希腊五国乃耶、回发祥之地,彼二之自犹太教而演化为世界宗教,不应忽略佛教深大之影响。尤以基督教为甚,不特博爱、和平,即耶稣及彼得等之独身,亦染有浓厚之佛教色彩也。或谓基督教称上帝为乔达,亦即乔达摩之音转云。其在东南者,南印佛教日发达,促成安达罗民族之勃兴。王子摩哂陀,王女僧迦密他之去锡兰,其成功尤大。锡兰王国接受佛教,且更传播于缅甸、暹罗等地。巴利语系圣典之保存,维持初期佛教之形式以迄现在,皆难能可贵也。其东北方,隔于崇山峻岭,弘布稍难。旧传秦始皇时,有室利房等十八人来化,虽传说无征,然适与迦王之时代相当,或即所派传教师之一也!

佛教至迦王而一变,前此之虽有二部,犹能大体和合者,此后则学派分流,不复如前矣。盖学者之间,已有不同之见,迨受命而分化一方,适应不同之民族文化,学派乃竞兴。迦王所派之传教师,亦不必尽为受命而后成行;在一方弘化之名德,即因而授以一方化导之命,如末阐提等,应是此类。诸上座受命已,各率其弟子以行,此与学派之分裂,显灼可见。如摩诃提婆之与大众末系,昙无德(王弟帝须之师)之与昙无德部,迦叶波之与迦叶波部,摩哂陀之与铜鍱部,末阐提之与萨婆多部。在当时虽未有学派之形成,然经一期之分化,即形成分立。旧传优婆毱多后,律分五部,盖纪实也。以此,铜鍱者以达磨阿育出十八派分裂之后,非吾所敢信!兹附迦王派遣之传教师及其教化区于下:

布教师	布教地	即今
末阐提	罽宾、犍陀罗	北印之克什米尔等
摩诃提婆	摩醯娑漫陀罗	南印之卖索尔等
勒弃多	婆那婆私	未详,或云在南印
昙无德	阿波兰多迦	西印之苏库尔以北
摩诃昙无德	摩诃剌陀	南印之孟买
摩诃勒弃多	臾那世界	阿富汗以西
末示摩、迦叶波	雪山边	尼泊尔等
须那迦、郁多罗	金地	缅甸
摩哂陀等	师子	南印之锡兰①

---

　　①　参阅《初期大乘佛教之起源与开展》第七章(四○四——四○八,本版三四四——三四九)。

第六章　学派之分裂

第一节　二部、三系、四派

佛世一味之教,以七百结集,初分为圣大众部及圣上座部,谓之根本二部。次于佛元百三十年顷,于上座部出分别说者,合为大众、上座分别说及上座之三系,成鼎立之势。迨大天等率众南行,其上座系之沿恒河北岸及雪山麓而东进者,别出犊子部。其在西北印者,自称说一切有部以别之,成四大派。《寄归传》云:"诸部流派,生起不同,西国相承,大纲唯四。"盖谓此也。其弘布之区域,略言之,则大众系在南印,说一切有系在西北印,分别说系在中印,犊子系则在中印之东北,亦间及西南也。

五百结集时,多闻第一之阿难,说小小戒可舍;辩才第一之富楼那,说内煮等八事可开。以视头陀第一之迦叶、持律第一之

优波离,诚有间矣!经、律多不满阿难之辞,佛灭且数年,迦叶犹责阿难以不谙律制如童子,陀娑婆罗犹责其祖释种而启净。不必有此事,而"戒胜于闻",戒律第一者之上座获胜,则显然可见也。时释尊涅槃未久,未有部别之名,而戒、慧之各有所重,实启分化之绪矣。后之学者,法宗阿难,律推优波离,仰之如日月;法、律虽等学而未尝不轩轾其间。七百结集时,波利系与跋耆系相左,亦不出重戒、重慧之争。律典惟传其判决十事,一若圣教还复其和合清净者,然依铜镍者所传,波利系未能屈跋耆系就范,且或受黜于毗舍离。跋耆系自行结集,初为二部之分:波利系多耆年上座,称上座部;跋耆系众至万人,称大众部。

佛教僧制,尊上座而重大众。行、坐、食、宿,以戒腊为次,尊上座也。羯磨则集众,断净则从众,重大众也。僧制尊上座而重大众,合之则健存,离之则两失,必相资相成而后可。以上座多耆年,急于己利;重律则贵乎受持,谨严笃实是所长,而常失于泥古。大众多少壮,重于为人;重慧则贵乎巧便,发皇扬厉是所长,而常失于好异。佛世之相资相成者,百年而相争,惜哉!僧事决于大众,大众之势必日张,非上座者传统之可限也。然轻上座而重大众,必至尚感情,薄理智,竞新好异,鲁莽灭裂而后已!此二部之分,大众系及分别说系,谓因于戒律之歧见;说一切有及犊子系,则视为教理之争,理应兼有之。然二部分裂之初,律犹重于法,盖多闻者起与持律者异也。大众系于律,贵得其大体,而上座系深入其微。得大体则开遮贵通,作法务简,或不免于脱略。入微则开遮从严,作法惟密,未免拘滞琐碎。法则反是,大众好博,得力于归纳、直观;上座则尊旧,得力于推衍、分别。一则多闻求悟,学贵化他;一则持律守寂,学务律己。此二系精神之异,其初甚机微,及其至也,已将背道而驰,而况加之于师承之别,语言、交通之碍,民族文化之激荡于其间哉!七百结集,乃分裂之一缘,非其本也。大众系所传,如《舍利弗问经》(参《僧祇律后记》)说:中印佛法,经一度破坏已,后有善王信佛,佛法乃复兴。一长老比丘增益迦叶结集大众常用之戒律,佛教以是起诤,行筹以公决之。"学旧者多,从以为名,为摩诃僧祇部。学新者少而是上座,从上座为名。"《舍利弗问经》置此事于弗沙密多罗灭法之后,固犯有时代之错误,然其以较简要者为旧来大众所常用,以上座之推衍繁密为后起,则深得其实。与上座者所传,若相反而实同也。锡兰《岛史》云:"大众之徒,违背佛教,破坏根本结集,别为结集,杂乱经文,坏五部(四含及杂)义。不知异门说、无异门说,了义、未了义及密意说,变更其义,附会解释。于是弃甚深经、律之一分,别作疑似之经、律。又废波利婆罗(律之眷属)、六分阿毗昙、波致参毗陀(无碍道)、尼涕娑(解释)及本生一分,别为更作而用异名。别为僧服,条色皆异,各自集会。"上座学者责其废"波利婆罗"等,盖亦言其略也。此等典籍,若例以儒家,犹《易》之有翼,《春秋》之有传,《诗》之有序,《礼》之有记。学有师承而不无推衍附会,尊为根本结集之旧固不可,直弃之亦无当也。"本生"之别作,则传说之或异;服色各异,亦诸部同风;别为制作,即别为结集。得大者好略,入微者从详,正不必据此为是非也。

次二部而起者,传说不一,以大众部之传说(藏传)为近似,即次成大众、分别说及上座三系。彼不明分别说之所出,然寻其流出之学派,证以锡兰之所传(分别说之一),可见其出于上座部,而取舍大众系之善说成之。次于上座出一切有及犊子,此即合于义净"大纲唯四"之说。上座系学者马鸣于《大庄严论》序云:"富那,胁比丘,弥织诸论师(北方分别说系之主流),萨婆室婆众(一切有部),牛王正道者(犊子),是等诸论师,我等皆随顺。"此亦于敬礼其师长富那及胁尊者而外,等视上座三系而尊敬之。上座有此三系,为探究学派源流者所不容忽略者。自二而三,三而四,其经过不详。分别说系之形成,即跋耆系之学说,影响于中印之波利系。当迦王之世,帝须即以"分别说者"自居,折中于东西之间,其成立应略早。学说之传承,铜鍱者自谓远承阿难、优波离,近接耶舍、悉伽婆之统也。犊子部(真谛译可住子弟子,勘梵文有弟子二字)之法系,真谛曾叙之:罗睺罗是舍利弗弟子,皤雌子(犊子)是罗睺罗弟子,此部众又是皤雌子弟子。藏传说一切有部律,传自罗睺罗。《婆沙论》谓犊子部所说,多同说一切有,惟五六事少异,则犊子与有部为同源者。然犊子系发扬之地,多初期大众游化之区。犊子之梵语婆蹉弗罗,与跋耆子之梵语同,亦与七百结集九代表之婆飒婆同;不可说之真我,亦略与大众系之一心同。古今之论学派者,无不以犊子为上座系,则殊可异也。今以犊子弟子部,为波利西系之东下,多少折中大众系者,当无大过。依有部之传说,迦王之世,因大天五事之净,佛法初裂为二部。犊子系之正量部,亦谓佛灭百三十七年,魔化比丘以五事破坏佛教成二部。实则分成两派,非初裂也。《宗轮论》以佛灭百十六年,迦王居位;正量以五事之净在百三十七年。此与《善见律》之达磨阿育灌顶于佛灭二百十八年,灭诤于二百三十六年,相距适为百年。当时有大德大天在,则知同其所指,惟铜鍱部多算百年之误耳。迦王之世,非三部初分,已破为四众,此如《异部宗轮论》云:"是时佛法大众初破,谓因四众共议大天五事不同,分为两部。"异译之《部执异论》云:"如是时中,大众破散,破散大众,凡有四种。"(罗什古译唯三。)当时有四众之存在,固明甚者。调伏天、莲华等,并谓佛灭百十六年,佛弟子以四种语诵戒,佛教乃裂为大众、上座、说一切有、犊子四派,与"大众破散,凡有四种"之说合。其说四派云:一切有部以雅语诵戒,承罗睺罗之学统;大众部以俗语,承大迦叶之统;正量部(犊子系之盛行者)以杂语,承优波离之学;上座部以鬼语,承大迦旃延之学统。此以师承及言语之别,叙四部分裂之因,颇有合佛子内以师承之异,外缘不同民族之语言、文化,而圣教乃为离破之实。奘译《宗轮论》之四众,即"一、龙象众,二、边鄙众,三、多闻众,四、大德众"。《述记》或释之云:"即持律者名龙象众,尊者近执(优波离)之学徒也。惟是凡夫诸破戒者,名边鄙众,大天之类也。善持佛语诸经师等,名多闻众,尊者庆喜(阿难)之学徒也。深悟幽宗,有道可称,名大德众,即阿毗达磨诸大论师,尊者满慈(富楼那)之学徒也。"此以师承分四众,与藏传大似。或译龙象众为"大国众",与边鄙众相待,尤富区域之色彩。此四众之别配四部,确定其师承,无关宏诣;知当时有师承、区域、语言不同之四众存在,可矣。四众诤五事而分二部者,以虽有四众共诤,其或赞或否,不出两大流也。有部与犊子部否决之,大众及分别说部(后之雪山部,许此有明文,饮光、法藏等或亦许之)赞同之。有两大流则可,直视为初分大众、上座二部,则非也。自二而三,三而四,四众净五事,形成两大流之对峙。有部、犊子部被抑,迦王同情于大众及分别说系。五事之唱自大天,有部及犊子部乃咒诅之如恶魔也。

第二节　大众系末派之分裂

自根本二部分流为十八部,传说多不同。略举其要者,世友之《异部宗轮论》所说,可简曰有部传;《文殊师利问经》、《舍利弗问经》、藏传之上座部说,并大同。锡兰《岛史》及《大史》等所载,可简曰(南方)分别说传。藏传犊子系之正量部,及大众部,各存一说,可简曰正量传、大众传。四大派之传说,犹大略具见。余若藏传调伏天及莲华之说,我国古三藏之说,并游说无稽,不足信。分别说传:大众部初出鸡胤、一说二部;又从鸡胤出多闻、说假二部;后又从大众出制多山,本末共六部。此与正量传之本末六部同;特正量传名鸡胤曰牛住,及以制多山为牛住部所出而已。有部传谓大众初出一说、说出世、鸡胤三部;又从大众出多闻部、说假部;后又从大众出说制多山、北山、西山三部。比观三传,则知有部传于初分出者,多说出世部。后多北山、西山者,真谛旧译缺西山;《文殊问经》有东山而无西山;藏传之上座部说,有东山、西北,无北山,殊出没不定。分别说者谓佛灭二百年后,又出雪山、东山、西山、王山、义成山、西王山等六部。则知本末六部,据其初分而言,后时末派之分,要不出六山之外也。大众传谓大众本末凡八部,即大众、牛住、制多、雪山、东山、西山、王山、义成山。于六山不举西王山；于初期流出之学派，独遗一说、说假、多闻、说出世四部，转不若上座三家所传之一致。其说出世等，不久即式微矣！转化为大乘矣！依分别说者所传，列表如下：

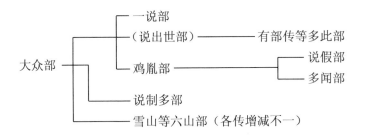

末派分裂之时节因缘，多难确指，其为内积异见，外受熏染，经一期之酝酿，藉某一现缘而分裂，则大致同也。兹依传说而略辨之：大众部学者住王舍城北之央掘多罗，以所见不同，初分三部。有好作概略之说者，如以一音说一切法，以一切法皆了义者，别出一说部。有说一切佛语皆是出世间者，别立说出世部。有以"毗奈耶"在调伏烦恼，衣、食、住小事，但求适宜，可勿拘于旧习，故颂曰："随宜覆身，随宜住处，随宜饮食，疾断烦恼。"又以"达磨"在即解成行以求证，学者为己，非为人也，故颂曰："出家为说法，聪敏必骄慢，须舍为说心，正理正修行。"从彼部主种姓为名，曰鸡胤部。鸡胤部学者多闻精进胜余部，其学风颇与中国之禅者合；菩提达磨从南天来，疑多所承袭也。探法、律之本，是能尊法、律者，然一切随宜，其势亦不可长矣！大众学者，理贵多闻，行务要约，故初期学派，多见理精深，行践笃实，未可以末派之滥而薄之。次有阿罗汉祇皮衣者，本外道仙人，值佛出家，能持佛法。佛灭时，于雪山中坐禅不觉。佛元二百年，从雪山来央掘多罗国，见大众部惟弘浅义，乃具足诵出浅深之义，于深义中有大乘云。以所传诵者多于大众之旧闻，曰多闻部。次有大迦旃延，佛之大弟子，以论义见称。初住阿耨达池侧入禅，佛元二百年顷来摩诃罗陀国，分别大众传之圣教，此是假名说，此是真实说；此是俗谛，此是真谛等。即多闻而分别之，故称多闻分别部。多闻部以无常、苦等五音为出世，今分别谓亦是世间假施设，故亦曰说假部。多闻、说假二部，并料简旧说，融合新知；并以释尊及门弟子从雪山来为分部之缘，其机甚微，其事则可畏。何者？释尊遗教之湮没者，事之所必有，然博采旧闻，其取舍应如何其严！掘发新知，料简旧说，探释尊之本怀，推陈出新以觉世，亦理所应尔，然不应滥同佛说，用为教证！（以阿毗达磨为佛说者，同失。）古德不此之图，竟概归诸释尊及门弟子之所传！此风启而淳源失，昔之言释尊及门弟子者，今则言长寿天、龙、夜叉；昔之言雪山者，今则言天宫、龙宫、夜叉宫、古塔、铁围山；驯致梦中之所见，定中之所觉，一一视为佛说。相拒则部执纷然，相摄则瓦玉杂糅，佛弟子何可不深思之！祀皮衣仙人与唱"优波尼煞昙"哲学者同名，或谓此即暗示外学之滥入佛法云。

二百年满已，承大天之学者，又多所分裂。迦王之世，大天创说五事。大天住鸡园，于布萨时，诵其五事之颂云："余所诱、无知、犹豫、他令入、道因声故起，是名真佛教。"波利西系之学者，指为异端，因此起诤。有部等为大天系所抑，乃毁其造三逆罪，以五事邪见欺学众，如《大毗婆沙论》九十九卷说。大天之学德，毁誉不一；其所传五事，亦解说或异，姑略言之："余所诱"

者,天魔能娆阿罗汉,令于梦中漏失(铜鍱者作"余附与",意谓天魔化作不净,以启罗汉之疑也)。"无知"者,阿罗汉有不染污无知,不明事物之相。"犹豫"者,阿罗汉有处非处疑,即疑事物之是否如此。"他令入"者,阿罗汉不能自觉,要由师之开示而后能入。"道因声故起"者,要痛感生死,诚唱"苦哉",圣道乃得起(铜鍱者谓证初果之圣者,于定中唱言苦哉)。前之四者,盖以声闻无学果为未尽。说一切有部等,以不染污无知、处非处疑等,阿罗汉已断而犹现起;不由他悟,自觉自知。大天则指以未断、不知,此其所以诤也。"道因声起",藉语言以导悟心,开音声佛事之端,亦非上座系所许。大天受命传教于摩醯沙曼陀罗(今南印之卖索尔),流衍于安达罗、驮那羯铄迦(今之海得拉巴)。承大天五事之学者,又分为多部,如在东山者名东山部,在西山者名西山部,并从所住得名。《西域记》谓驮那羯铄迦,一名大安达罗。大城侧之东山、西山,有二古寺,凿岩所成,旧属于大众部,应即东山部、西山部之道场也。觉音之《论事》释,称东山、西山、王山、义成山四部为安达罗学派,其为大天系之后学甚明。其分裂之缘,有部传谓:"二百年满时,有一出家外道,舍邪归正,亦名大天。于大众部出家受具,多闻精进,居制多山,与彼部僧重详五事,因兹乖诤,分为三部。"铜鍱者以此为达磨阿育王时事,不言大天,已见前说。《岛史》谓以迦王时贼住比丘之争,乃有雪山等六部。参详众说,其事实亦约略可知。大天乃迦王时之名德,游化南印。数十年后,学者以环境之熏染,不无羼入达罗维荼神秘表征之文化。学不厌博,立说务新,大天系之学者,本此大众部之精神,乃形成种种之派别。有部归之于大

天,盖深恶大天之开其始也。其以重详五事起诤,不可信。设以
共诤五事而分部,如何东山、西山等,并以五事为善说?迦王逝
世不久,南印诸国即宣告独立,而安达罗尤强。佛元二百二十
年,且北上以攻摩竭陀。大天学者之扩展分裂,以在安达罗政权
之所在地为近情。铜鍱者以此为迦王及波吒厘子城事,揆之事
理,有不可信者矣。

第三节　上座系末派之分裂

上座系末派之分,《异部宗轮论》说:"经尔所时(大众系分
裂之时),一味和合。三百年初,有少乖诤。"或者据此谓上座部
多耆年,思想多保守,乃得历久而无异。然铜鍱说:二百年顷,佛
教已成十八部。则是上座末派之分,实与大众系同时。于迦王
之世,上座已有三系之分。法藏、饮光、铜鍱、一切有,亦即于此
时而显然分化;优婆毱多之后,律分五部,凡此皆与上座系之分
裂有关也。上座思想多尊旧闻,此无可疑,然即旧闻者而分别推
衍之,于律学尤甚,较之大众系,无多让也。彼有部传之说,特自
赞其所宗耳!上座系末派之分,众传不一,尤以关于分别说系者
为甚,兹先举示于下而后辨之:

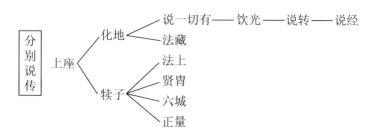

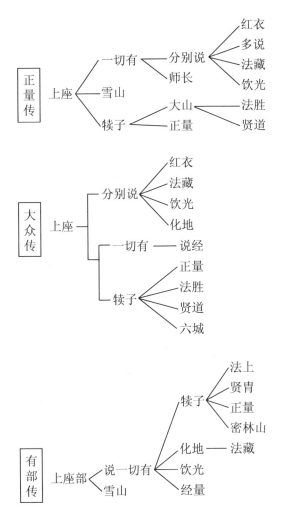

　　上座系末派之分,众传之不一如此。然若即众传而除其自尊所宗之成见,则学派之分,犹大略可见。正量、法胜(法上)、贤道(贤胄)、六城(大山、密林山)四部,从犊子部出,众传所同。犊子部则有部传谓其从一切有部中分出,余传则谓其直从上座部来。此可解,有部者素以上座之根本者自居,宜其以弟兄行之犊子,视为自宗之子派也。经部(师长、说转)自有部中出,众传无诤。分别说传,说转与说经为二部,余传则视为一部。详说转部之宗义,与经部譬喻师异,应有本末之分,如分别说者说。有部传与正量传,谓本上座部转名为雪山;大众与分别说传,则判为大众之末派,此以有部传之所说为当。化地(护地、多说)、饮光、法藏、红衣(铜鍱)四部,依大众传及正量传,系出分别说部。此分别说部,大众传谓其与一切有、犊子为弟兄行,且分出为早;而正量传则视为一切有之子派。有部传与分别说传,同唯化地、饮光、法藏三家,无红衣,亦无分别说部之名。化地等与有部之关系,有部传谓化地等为有部之支裔;分别说传则谓有部从化地部分出;大众传则谓其同从上座部出,相为弟兄。传说之纷乱,至此而极。诸传中以大众传为当,以彼于上座系学派之分流,处身事外,不以自尊所宗之成见羼入其中也。于中分别说部之地位,应先予审定,否则无从论之。铜鍱者虽不言分别说部,而实以分别说部自居。有部传之《宗轮论》,虽无分别说部,而《大毗婆沙论》则有之,即分别论者是。分别说与分别论,其实一也。《婆沙》之分别论者,古今学者多不明其所属。以《婆沙》抨击之,或者乃以“诸邪分别,皆名毗婆阇婆提”解之。见《宗轮论》无分别论者之名,见其立心性本净等同大众部,或者乃以为即多闻分别部,或以为大众、上座二部末派之合流。不知即分别说部,即波利之东系,为化地等四部之本,亦为分别说系学者之总名。其初,称上座分别说者,尝与大众及上座(除分别说之余)鼎立而三,盖上座三大系之一也。《摄论》无性释云:“上座部中,以有分声亦说此识。如是分别说部,亦说此识名有分识。"
此上座、分别说部,《成唯识论》卷三即作"上座部经分别论者"。
《大乘成业论》谓:即赤铜鍱部经中,建立有分识。锡兰传来之
《清净道论》,亦有有分识之文。此实铜鍱部者,彼以上座、分别
说部正统自居,故或作上座,或言分别论者,或言铜鍱,其实一
也。《顺正理论》五十一卷之分别论者,立业果已熟则无,即饮
光部。《婆沙》分别论者之"罗汉不退"(六十卷)、"定无中有"
(六十八卷)、"随眠异缠"(六十卷)、"缘起无为"(二十卷)、"有
五法遍行"(十八卷)等,多与化地部合。或者见分别论者之与
大众部多同,想像其为大众与上座末派之合流,而不知法藏部之
"余义多同大众部执";饮光部又"余义多同法藏部执";《论事》
及《宗轮论》所叙之化地部义,同大众系者十八九。分别说系之
化地等部,其所以与大众近者,非必转向大众,亦非合流;正以学
派初分,大义犹近,本不如后代所传之甚也。若解上座三分论,知
分别说或分别论者之地位,则于各传异说,涣然可解。有部传以
饮光、法藏、化地从有部(分)出,此以有部者之以上座根本及正统
自居也。不言分别说而言雪山者,以分别说部自铜鍱部之南移于
锡兰,化地、饮光、法藏之离本宗而分化于大陆,上座分别说部之
本宗,日就式微,移化雪山,因之转名雪山部。彼之用大天五事,
犹分别说者之旧。学派初分,大义多同。迨后学派竞兴,于此式
微之旧宗,或判为大众,或摄属上座,不复能详也。(正量传出入
于大众传及有部传,于上座系中,举雪山又言分别说,误。)有部传
不言铜鍱者,一在北印之山国,一在南印之海南,少所交涉而淡忘
耳。铜鍱者之分别说传,以上座分别者之正统自居;上座与分别

说及铜鍱，视为一部之异名，故但举上座，不复言分别说及铜鍱。既自以为上座正统，则以有部及犊子等为其属派，亦自尊所宗之通病。正量传与有部同源，除以自宗之母部犊子部直承上座，余即随有部说之。知上座三分之说，知分别说者之真，则能不为三传宗派成见之所拘，见大众部所传为平允而最得其实也。

学派之分裂，乃思想集团之分化，虽有师承可谈，而实不仅一、二人事。其分裂者，彼此仍多有所同；即和合一派之中，亦未尝不蕴有异见，此吾人所应深切记取者也。跋耆系得势于毗舍离，而后知务广博，行贵要约之大众精神，益趋发扬。波利系之先见者，起而折衷之，成分别说部。分别说者，学无常师，理长为宗，分别取舍而求其当也。继之而起者，上座部（除分别说之余）又裂为说一切有及犊子二部。说三世及无为法皆有体，与上座分别说及大众系之过去、未来无，现在、无为有者不同。"一切有"本于佛说，惟何谓一切有，则彼此异解；一分学者乃举"一切有"以显自异他，名说一切有部。然一切有宗，不必即为发智、婆沙师，彼特依三世实有之义，分别推衍而至于极端者。旧以《发智论》作者迦旃延尼子出佛灭三百年，乃以说一切有部为三百年始出，非也。自三大系再分，经过不详，疑分别说系之分派为早，即迦王所遣布教师之分化一方，可谓即法藏等分部之始也。有国师（或云国王）化地者，通吠陀、声明之学，出家得罗汉果。间取吠陀及声明以庄严佛法，视同佛说，信其说者，从部主为名，曰化地部。又有法藏（昙无德）阿罗汉者，自称以目犍连为师，习"经"、"律"、"论"、"咒"、"菩萨"五藏云。汉译法藏部之《四分律》，但明"经"、"律"、"论"、"杂"四藏。然卷十一云："字义者，二人共诵，不前不后，阿罗波遮那。"阿罗波遮那，乃文殊师利之陀罗尼，《四分律》有之，则法藏部之有明咒，信不诬也。信其所说者，从部主为名，名法藏部。又有饮光罗汉者，撰集佛语，以破外道为一类，对治烦恼为一类，亦从部主得名，名饮光部。此三部化行大陆，于圣典多有改作。或融入吠陀而尊为佛说；或仰推目连（神通）以证明咒之可信；或以破外对内而别为撰集，与大众之多闻、说假同其作风。红衣即铜鍱部，由迦王子摩哂陀传入锡兰，得国王之信奉，改建眉伽园以居之。大陆佛法之变化，所受者少，故今巴利语系之佛教较淳朴，吾人亦得据之以想像分别说系之初型。上座分别说者重律，故每一分派，即有一不同之律。古传律分五部，即上座分别说系所出之饮光、法藏、化地三部，及一切有、摩诃僧祇律也。次犊子系之分裂者，犊子学《舍利弗阿毗昙》，特重论议。于本论之有所不足者，各取经义补充之，立义既异，遂分四部。贤阿罗汉之后学，名曰贤胄。以法上为部主，名法上部。正量，言其法之正确。密林山，以住处得名。四部中，正量部之信者尤多，俨以犊子之正统自居，故后之言四派者，每以正量代犊子也。次从说一切有出说经者，犊子与有部同源，信守师承，于阿毗达磨渐为偏颇之发达。犊子亦以三世、无为为实有者，唯依蕴施设补特伽罗之假实，及阿毗达磨之师承，与说一切有者异。迨犊子分离已，说一切有中之一分学者，不满于论典之偏重，乃宣称以阿难为师，以经为量，成说经部。亦名说转部，以彼立胜义补特伽罗，自此世转至后世，与犊子之不可说我大同。此说转之经量，成立亦早，立义多同说一切有及犊子，如以五根为世第一法，即其一例。《宗轮论》之所说者,即此;《大毗婆沙论》亦尝析持经及譬喻者为二。佛元三世纪之初,一切有部中,迦旃延尼子于至那仆底(东)造《发智论》,阿毗达磨之面目一新。其贯通旧说,演绎新知,颇多善巧。与之前后者,有鸠摩罗陀(童受),住健陀罗(西),步说转部之芳尘,亦以经为量,作《喻鬘论》等,因得经部譬喻师之名。《西域记》传鸠摩罗陀曾受迦王之敬礼,后揭盘陀国(在葱岭之东南境)王,突以兵入健陀罗,迎之移住揭盘陀,则亦佛元二、三世纪间之大德也。法显传佛弟子之沿印度河上流,由乌苌国度险道以入葱岭而东来者,在佛元三百年。迦王之世,虽或未能越崇山弘大法于东北之大陆,然二、三世纪之间,已通葱岭之道,佛教之流布东方,固不待迦腻色迦王之世也①。

第四节　五部、十八部

旧传律分五部,而义净独辟之曰:"不闻西土",别举大众、说一切有、正量、上座四宗。以正量当犊子而举四宗,固后期佛教之常谈,第据此以斥五部则失之。传五部者不一,《大集经》以昙摩毱多、萨婆帝婆、迦叶毗、弥沙塞、婆蹉富啰为五部,次曰:"广博遍览五部经书,名为摩诃僧祇。"则是以五部为一枝,以摩诃僧祇为综贯遍达者,其为大众部之传说无疑。《萨婆多师资传》以昙无德、摩诃僧祇、弥沙塞、迦叶维、犊子为五部,有大众而无萨婆多,与《大集经》异。其故亦可知,盖萨婆多学者,以迦

---

① 参阅《初期大乘佛教之起源与开展》第六章第一节第二、三项。

叶至优婆毱多为自宗之师承；优婆毱多后而律分五部，则五部为末而萨婆多为本。此与大众者之自尊所宗，初无二致。《僧祇律私记》、《舍利弗问经》、《大比丘三千威仪》、《佛本行集经》，又别传一说，以昙无德、弥沙塞、迦叶遗、萨婆多、摩诃僧祇为五部，独缺犊子。《僧祇律私记》以大众律为旧来所常用；《舍利弗问经》誉"摩诃僧祇，其味纯正"，并大众部之古说。《佛本行集经》属法藏部。律分五部，似以此说为能见古意。盖分别说之上座，初与大众及余上座鼎立为三。分别说者重律，又出化地、法藏、饮光三家律。其铜镖部之传于海南者，与大陆之关系不深，故传者略之。大众部律务要略，虽分派而律唯一。余上座又分说一切有及犊子二派，犊子重论义，疑初与说一切有者同用一律。于分别说三家，加大众、一切有为五部，为大陆佛教律典之初分。迨后犊子别成一律，即成六家。大众及萨婆多学者，习闻五部之说，乃以犊子入五部中，而自居于根本、综贯之位。古今未见五、六之别，乃疑惑于大众及犊子之间。

旧传十八部之说，各传共许而所说不同。玄奘承后期之说，以十八部为末派，上座、大众为根本，合于《文殊问经》"十八及本二"之说。真谛支离其辞，除大众而言十八。《文殊问经》无说假部。依锡兰所传之十八轨范说，合上座、大众于十八部，非二十也。若加后起之学派，其类实多。藏传各说，一一求合于十八，而亦彼此不定。总之，佛教演为十八部，于佛元二、三世纪间，为众所周知之事实。迨学派更多，兴废不一，言十八者多无从确指，或加本二成二十也。其最初者究何所指，除众传一致者外，似难得决定之。

第七章　阿毗达磨之发达

第一节　优波提舍、摩呾理迦与阿毗达磨

佛学之发展，阿毗达磨之隆盛，实有以致之，盖各承师说，竞为论议，思想乃日趋分化也。佛之世，释尊以义解说其法者有之，标要而大弟子为之解说者有之，佛弟子之共为论议而组织者有之。如《中阿含经·根本分别品》等，即九部经中"优波提舍"（论议）之类，其中即有佛说者在。论议第一之摩诃迦旃延、智慧第一之舍利弗，尤多用力于此，宜后世之言论典者，仰尊二氏为师宗也。现存巴利语"杂藏"之"尼涕婆"（解释），亦是其类。佛灭后，论典渐出，与经、律并立而三者，有"摩呾理迦"与"阿毗达磨"。此二者，以传说之纷歧，辨别甚难。《智论》谓佛世有持"摩得勒迦"比丘，无"阿毗昙"；《瑜伽论》亦以"摩呾理迦"为如来三种言音之一。然此不独阿毗达磨论师所不许，即依《摄事分》《毗尼母》等而观之，则所谓"摩呾理迦"，亦一家之师说，非佛世之制。《瑜伽》以声闻随转理门，列"阿毗达磨"于三藏之次；世亲释《摄论》，则谓"说阿毗达磨，即显论是大乘藏摄"。今

谓"摩呾理迦"(本母),依经立论,释难句,明教意,通血脉,抉发其宗要,为法义之所本。"阿毗达磨"(分别法),依经作论,分别法门之自性、共相,抉择诸法之相摄、相应、相生。"摩呾理迦",即一一经而握其宗要;"阿毗达磨",即一一法而穷其深广。二者初非隔别,佛世之"优波提舍"兼此二,佛后初出之论典亦多兼及。迨"阿毗达磨"大盛,推衍分别或流于枝蔓。于是一分学者,乃宗经为量,拨"阿毗达磨"而意存"摩呾理迦"为佛说。实则二者并多少渊源于佛说,演绎变化于佛后,未可轻为是非也。

"阿毗达磨",有广略二义,此可于《智论》知之,广则"阿毗昙藏"摄一切论典,略则唯是三门中之毗昙门也。原"阿毗达磨"之名,《阿含》已有之。然究其所指,则既非三藏之一,亦非是无漏慧,实以"阿毗"称美达磨之极甚深玄者。古人以"增上义","赞叹义",超越、广、大、无比之"长义"释阿毗,颇得其实。佛法唯"达磨"、"毗奈耶"之二,故佛亦尝以"阿毗达磨、阿毗毗奈耶",形容法、律之深玄者,此释"阿毗达磨"者所应知也。后世之阿毗达磨论师,以无漏慧为"阿毗达磨"自性者,以阿毗之"毗",有明了分别义。声论者谓"毗谓抉择"。上座分别说系自称分别说者,梵语"毗婆阇婆提";锡兰传有《分别论》,原语"毗崩伽"(即毗婆阇),其分别即阿毗之毗。此阿毗之明了分别,有直接亲切意,如言"直下领会","洞然明白",故古人又释"阿毗达磨"为"对法"、"照法"、"现法"。此分别又有明晰条理意,如言"文理密察",故古又释之为"分别法"、"抉择法"。若以明镜当前,幽微毕显为喻,颇切阿毗之义也。上座称分别说者,不特取舍于东西二系,实即"阿毗达磨"者之异名。惟毗之分别,或又引申为推度妄计,而后说一切有部自称"应理论者"而弹"分别论者";《摄论释》即释阿毗为无分别。"阿毗达磨"者,即分别论者,世人忘之久矣! 诸论议师,或直观法相,或抉择分别法相,就其论理体悟之所得者,师资授受,以名句文身而分别安布之。以其分别法门,有合于"阿毗达磨"之含义,乃即以"阿毗达磨"为论典之名,终于与"经"、"律"并峙而为三藏之一也①。

第二节 阿毗达磨之流派及发展

"阿毗达磨",虽随学派之分裂而日多,然惟特重"阿毗达磨"之说一切有部为最繁,余则寥寥可指。当佛法之初分二部,即有二种论典之不同。在大众部为迦旃延之《鞞勒》,如《智论》叙各家之论典时,谓佛世之大迦旃延造《鞞勒》,后世得道人重为删略,大行于南印。《分别功德论》谓"迦旃延子撰集众经,抄撮要慧,呈佛印可,故名大法(即阿毗达磨)藏"。南印乃大众部发扬之区,《分别功德论》是大众部之论,《鞞勒》之为大众部根本论典,确然无疑。上座部用《舍利弗阿毗达磨》,然自上座三分而后,其原本已无从确指,大抵依同一本论而相为出入。《智论》谓《舍利弗阿毗昙》,犊子道人等诵习之。《宗轮论述记》,传旧解正量等四部,释《舍利弗阿毗昙》稍异,则犊子系本末五部,并用《舍利弗阿毗昙》也。《四分律》及《毗尼母论》,谓原始结

① 参阅《说一切有部为主的论书与论师之研究》第一章第三节。

集之论藏，为"有问"、"无问"、"摄"、"相应"、"处所"五分，此与现存《舍利弗毗昙》之品目合。《四分律》是法藏部律，则知法藏部亦用此论。现存之《舍利弗毗昙》，立无中有、心性本净、九无为等，与《婆沙》之分别论者多同，可知本论不但为法藏部所宗，化地、饮光等分别说系，无不仰此论为宗本也。今存之《舍利弗毗昙》，多言五道，无我，与犊子系不尽合，与分别说系近。二系并用《舍利弗毗昙》，而现存者，乃大陆分别说系之所诵也。其分别说系之南传锡兰者，僻处海南，另为独特之发展，有《法聚》、《分别》、《界说》、《双对》、《发趣》、《人施设》、《论事》之七论。近人勘七论中较古之《分别论》等，见其组织形式与《舍利弗阿毗昙》有类似者。说一切有系以"六分阿毗昙"为本，然此为《发智》、《婆沙》学者一偏之见，六分既但为《发智》、《婆沙》学者所宗，而六分以外，更别有极重要之论典也。即以六分最古之《法蕴足论》而言，与锡兰传之《法聚》同名；其论题与《舍利弗阿毗昙》之"问分"、"非问分"，十同六七；三科之以处为第一，尤见其一致。此《法蕴足论》，称友《俱舍释》及西藏传，谓是舍利弗造。《婆沙》尊舍利弗为佛世大论师，可见其亦以《舍利弗毗昙》为本而出入之也。

大众系之"阿毗达磨",以《鞞勒》(此云箧藏)为根本,《智论》以之为三种法门(小乘三系)之一。其解经有随相门、对治门等,在举一反三,要约易见,不若上座"毗昙"之推衍分别。又谓"不解般若,入鞞勒门,则堕有无(见)中"。其立论之备明有无,与说一切有之毗昙门,及分别说系之空门异。然"有无"难解,传说摩诃迦旃延开宗之说假部,以圣道为福力所引显而体常不坏,世间法虚妄无实,出世法(灭道)真常实有,此其所以名"有无"欤!大众系之论典,见于记载者,仅《分别功德论》,及觉取之《集真论》,余无所闻,可疑。或谓"大众部等,本不认佛说有不了义经,解经之阿毗达磨,无关轻重,其籍自鲜",非笃论也。详大众部许有"杂藏","文义非一,多于三藏",部帙之庞大,盖不仅博采异闻已也!法、律并出弟子之持诵传来,以三法印及佛语具三相为准则,入佛法相者,以佛说视之可也。大众部学者,以体悟、论理之所得者,或依傍古说,或撷拾遗闻,或融摄世学,大抵编集为经、律之体裁以行世。大众系唱佛身无漏,佛寿无边际,心性本净,道体真常,吾人固尝广读之矣!大众系论师及论典之鲜闻于世,实以此耳。分别说系之在大陆者,与大众系之作风同,故论典鲜出。犊子系学务通俗,于《舍利弗毗昙》多少改作而不若有部之偏重。汉译有《三弥底(正量)论》;传瞿波作《圣教要实论》,要皆斤斤于有我、无我之辨,未及其余。旧传《正法念处经》,庞然巨制,云是正量部所诵,其内容多长寿天之传闻古佛说,则亦受大众、分别说系之化也。铜鍱部僻处海南,受大陆佛教之影响不多,故"杂藏"犹未大杂。说一切有部不立"杂藏",佛弟子所作多入于论藏,于"阿毗达磨"特多制作。

虽尊《发智》为佛说,推衍颇嫌支离,而佛说之法,赖以较净①。

说一切有部之迦湿弥罗师,以《法蕴》等六论为六足论。《法蕴足论》,奘传目犍连作,称友之《俱舍论释》谓是舍利弗作。凡二十一品,品释一经,与《舍利弗毗昙》之"问分"、"非问分"大同。有部之言结集者,辄举近事五戒为论藏,即指此论。六足论中,此为最古。次《集异门足论》,释《长含》之《集异门经》。奘传以经出舍利弗所集,因以论为舍利弗造;称友则以为拘缔罗作。文义明净,《瑜伽论·闻所成地》之内明,即演此成之。次《施设足论》,《智论》传从《楼炭经》(《长含》之《起世因本经》)出,目犍连造,与称友释同;奘传则作迦旃延造。本论初惟"分别世间",藏译者有三品而未尽,疑后人所续也。《起世因本经》,巴利文之《长含》中缺。《俱舍》十一云"世施设中说",旧译即作"分别世经说";《婆沙》引此,又作"如施设论说"。经之内容与《立世阿毗昙》大同。出后人编集,故或经或论不定。巴利本无此,则应出迦王之后;《施设足论》据此而分别之,出世应更迟。传说之目犍连或迦旃延造,未可信也。次有《识身足论》,提婆设摩造。本论初品"目犍连蕴",破过未无体,似对目犍连子帝须而发。次品"补特伽罗蕴",破犊子不可说我而归于六识,与帝须《论事》初章之破我相似。提婆设摩应后于帝须,以出佛元三世纪为当。更后《品类足论》,四品是世友作,四品是迦湿弥罗论师作,颇为学者所重。世友是佛灭五世纪人,则本论之出世迟矣。次《界身足论》,以十大地为本事而诸门分别

----

① 参阅《说一切有部为主的论书与论师之研究》第一章第二节第三、四项。

之,奘传亦世友作,称友则谓是圆满造。此上六论,性质既不一,时代亦殊,以婆沙师尊《发智》为本论(身),以六论为辅翼(足),而其名大著。或者即以此六论乃有部初期之"阿毗达磨",先于《发智》、《心论》,误矣①!

　　详说一切有之论典,同源于《舍利弗阿毗昙》,以《法蕴》、《集异门论》为早出。其后即演化为三大流:一、佛元三世纪,至那仆底之迦旃延尼子,作《发智论》,于旧师之说,多所裁正;扬三世实有之宗,分别诸法之自相,极于微茫。不以三科为本事,常以色、心、心所、心不相应行,而辨其摄,相应,成就,极繁衍之能事。凡八蕴、四十四纳息,次第杂乱,不以组织见长。继之而起者,如世友之《品类足论》、《尊婆须密集论》,并承其轨则,品目亦仿之。二、瞿沙尊者(妙音),《西域记》传与迦王同世。源《舍利弗毗昙》而作《甘露味毗昙》,多存古迹,并依经文作之。别有《生智论》,未详。吐火罗国之法胜论师,依《甘露味毗昙》而编次之,末附"论品",一一以颂文标举,作《阿毗昙心论》,凡十品,以组织见长。《婆沙论》所指之西方尊者,外国诸师,并此论之学者也。为之释者不少,有四卷之极略本,有优婆扇多之八千颂本,一师之万二千颂本,古世亲之六千颂本,与迦湿弥罗之《发智》系,隐然东西并峙焉。法胜之《心论》,古人误以为婆沙纲要,乃谓法胜五百年或七百年人。焦镜序谓"出秦汉之间",近之。三、与迦旃延、妙音相先后者,有犍陀罗之譬喻尊者鸠摩罗陀(童受),作《喻鬘论》等,宗经为量,不以《发智论》为本于

────────────

①　参阅《说一切有部为主的论书与论师之研究》第四章。

佛说,特唱"无为无体"、"过未无体"、"不相应行无实"、"梦、影、像、化无实"等,以抗《发智论》三世、无为实有之偏。有大德、觉天尊者,并承其遗意。如大德之"诸心心所是思差别","异生无有断随眠义","诸所有色,皆五识身所依、所缘","化非实有"等;觉天之"色惟大种,心所即心"等,并与譬喻义同(经部非无论,但不以为佛说,不以为权证)。此三者,皆说一切有系之分化,而譬喻系则近于大众、分别说系。佛元六世纪初,《发智》系学者,集大众造《毗婆沙论》以释《发智》。罗列三系之说,而一一详正之。近世友说,而亦多不同。妙音说犹有取舍,于大德、觉天、譬喻尊者之说,概加破斥。态度专横,独尊《发智》,而以六论助成之。《婆沙》出而譬喻师之分化日深,《发智》系与《心论》系亦不无诤论。于是《心论》系之学者达磨多罗,出佛元七世纪,不以譬喻者之离宗为然,亦以《婆沙》之繁广琐碎为难,乃取《婆沙》之精义,增补《心论》而成《杂心论》,以沟通东、西二系,存有部之真。凡六百颂、十一品,多《心论》之旧,而增一"择品"①。惟时大乘之说日昌;室利逻多著《经部毗婆沙》,经部之学日盛,有部学之弱点已无可讳饰。有部学者,犹存自尊之故习,守旧而莫之能改。世亲论师乃依《杂心论》而著《俱舍论》,宗有部而取经部义以格量之。有部之众贤论师,不忍己宗之被破,作《顺正理论》以救之,此当别为论述也。

---

① 以上参阅《说一切有部为主的论书与论师之研究》第五章,第八章第一、二节,第十章。

第三节　阿毗达磨之组织

　　明"阿毗达磨"之组织,可窥其性质之一般,即诸论递演之迹,亦得因以见之。上座"毗昙"以《舍利弗毗昙》为近古(《法蕴足论》亦其一本),凡五分,可析为二类:一、分别诸法之性相:有分别法相者,依一法而分别其体性,以诸门问答以明其共相,即"问分",凡十品。有解说经文者,即非问分之第五"缘起品"、第六"念处品"、第七"正断品"、第八"神足品"、第九"禅定品"。有随类总集者,即非问分之余六品。释经及类集者,并无诸门问答,故合为"非问分"。二、分别诸法之关系,又三:明诸法之自性相摄,即"摄分"。明诸法之自他相应,即"相应分"。明诸法之因缘相生,即"绪分",而有多品。"遍品"、"因品",总明十缘十因。名色集故识集,立"名色品"。喜爱集则色集,立"结品"。触集则受、想、行、识集,立"触品"。随业感善恶报,立"行品"。心尊、心导、心垢、心净,立"心品"。余有"十不善业道品"、"十善业道品",解说经文;"定品"则随类总集,与"非问分"之体裁同,不知何以列于诸分之末也!又《舍利弗毗昙》之"问分"、"非问分",随类总集之六品,实后代论典之初型。余十五品,即有十二论题同《法蕴足论》,然《法蕴足论》偏于解经,不足以赅"阿毗达磨"。以意论之,原始之"阿毗达磨",并探阿含而为之分别解说,次以一经为主而类集之,"问"与"非问",似出有先后,而难确指,若糅合之,则诸论之原型宛然见矣。

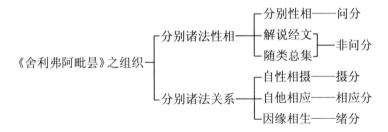

且举《甘露味毗昙》系诸论,次以比观前论。《甘露味论》凡十六品,法胜即依之而作《阿毗昙心论》。以《甘露味》之第五"阴持入品"为"界品",以第六"行品"为"行品",以第四"业品"为"业品",以第九"结使禅智品"为"使品",以第十"三十七无漏人品"为"贤圣品",以第十一"智品"为"智品",以第十二"禅定品"、十三"杂定品"为"定品"。此七品之内容,几无一不合。以《甘露味毗昙》前十五品之余七品,及第十"杂品"之前分,为"修多罗品";以"杂品"之后分为"杂品",其内容、次第,亦十同八九。以是,或谓《阿毗昙心论》之前七品明经义,而"修多罗品"分别其经者,非也。盖《甘露味毗昙》之前十五品,并依经而成论。《心论》抽出其中之八品,合为七品;次随次而明其余,因仍以"修多罗"名之。《心论》第十品之"论品",则论师增附之。法救之《杂心论》,组织内容大同,惟取《婆沙》义以庄严之为异。别立"择品"于"杂品"之后,详其义趣,则即演绎抉择"修多罗品"以成之。世亲之《俱舍论》出,与《甘露味》之原型转远。《甘露味》第一之"布施持戒品",《俱舍》入之于"业品"。第二"界道品"、第三"住食生品"、第七"因缘种品",《俱舍》依之别立"世间品"。第八之"净根品",列于"行品"之首,因改"行品"为"根品"。第十四之"三十七道品"、第十五之"四谛品",入于

"贤圣品"。因之,《心论》之"修多罗品"即失其存在。余"杂品"、"择品"、"论品",散摄其义入诸品中。《俱舍》精练为八品,世但知其承《心论》、《杂心》而来,而不知本于《甘露味毗昙》也。即《甘露味》而溯其源,以《舍利弗毗昙》之"问分"、"非问分"勘之,无不相合。惟缺第十六之"杂品",以此非修多罗之旧,而论师附益之。又缺第六"行品",细寻之,恍然知"行品"之即"相应分"、"绪分"也。盖《舍利弗毗昙》以"问"、"非问"之二十一品为法本,次以"摄"、"相应"、"绪分"明其关系。《甘露味毗昙》则独取阴、入、界三科为本事;于"阴持入品"之末,明摄法,如《心论》之"诸法离他性"颂,即当《舍利弗毗昙》之"摄分"。次"行品",初明不相应行之四相、心相应行之十大地等,及色法,论其相伴共成,即"相应分"。次明四缘、六因之总,又明善、不善、无记心所,摄为三处以成行,即"绪分"。其开合之迹,论典之源,不亦灼然可见乎!《心论》等之前七品,除"行品",余并与"非问分"之随类总集之六品全合,则尤为明确无疑者。兹列表示之①:

舍利弗毗昙	甘露味毗昙	阿毗昙心论
问一　入 问二　界 　非问一　界(总集) 问三　阴	五　阴持入	一　界品 (末有相摄,当摄分)

---

①　参阅《说一切有部为主的论书与论师之研究》第十章。

续　表

舍利弗毗昙	甘露味毗昙	阿毗昙心论
（相应分、绪分，与行品相当）	六　行	二　行品
非问二　业（总集）	四　业	三　业品
	二　界道	八经二　界
	三　住食生（又谛、杂品之一分）	八经三　识住,众生居 八经九　四预（又八经四之一分）
非问三　人（总集）	十　三十七无漏人（又谛、杂品之少分）	五　贤圣品 八经六　果,道,证净
非问四　智（总集）	十一　智	六　智品
问四　谛	十五　四谛	八经五　谛
非问五　缘起	七　缘起,种	八经四　十二因缘,六界
问五　根	八　净、根	八经十二　根
问六　觉 　非问六　念处 　非问七　正断 　非问八　神足	（谛之四圣种） 十四　三十七品	八经八　如意足,正断,念处,圣种,三十七觉品
非问九　禅定 　非问十　道（总集）	十二　禅定 十三　杂定	七　定品 八经十　三三昧 八经七　四修定
问七　不善根 　非问十一　烦恼(总集)	九　结使,禅智	四　使品
问八　善根 问九　大		

续　表

舍利弗毗昙	甘露味毗昙	阿毗昙心论
问十　五戒	一、施戒	八经一　施戒修
	十五　谛之余	
	十六　杂上	八经十一　颠倒,见
		八经十三　识所识等
	十六　杂下	九　杂品 十　论品

次以《舍利弗毗昙》而观《发智论》,则其间亦不乏密接之联络。《发智》凡八蕴,以"杂蕴"为初,此与《甘露》等之后出"杂品"适相反。诸论次第每颠倒,如"问分"以五戒为终,而《法蕴》等举以为始,实无何意义可言也。"结蕴"、"智蕴"、"业蕴"、"定蕴",出"非问分"。"二十二根",《法蕴论》有经,《甘露味论》有诸门问答,然不以为类聚。《发智》以二十二根为一蕴,亦唯于《舍利弗毗昙》之"问分"见之。后之《俱舍》,即依此而改"行品"为"根品"。"问分"以四大为第九品,而诸论无文,《发智》以大为一蕴,盖亦本此。"见蕴",《舍利弗毗昙》缺,见《甘露味论》等最后之"杂品",《发智》亦即以之为殿。《发智》之于《舍利弗毗昙》,有更近于《心论》等者在。《心论》以三科为本事,厕"行品"之"相应"、"因缘"、"相生"于后,非"毗昙"之旧。《发智论》于"结"、"智"等一一法门,分别其自相、共相,又以相摄、相应、成就、因、缘、果、相生广辨之。"相应"乃相伴共有之义,因以"有此亦有彼耶"等作四句分别,约彼此、三世、界地、得失、凡圣而论之,乃极繁广。"成就",非《舍利弗毗昙》所重,此待有部执法为实有,乃为"毗昙"要门。辨"相生"则为缘,从缘

得果等也。凡此摄、相应、成就、因、缘、果、自相、共相，遍于一切法门，《舍利弗毗昙》之意正同，特未为推衍而已。即此以论世友之《集论》，品目极类《发智》，而杂乱过之。第七之"更乐"（触）、第八之"结使"、第九之"行"，三门之连类而及，则《舍利弗毗昙》"绪分"之制也。《发智》与世友《集论》，范围远广于"毗昙"之旧，分别精详，而终不无杂乱之感也①！

第八章　学派思想泛论

第一节　思想分化之原因

僧伽以和合为本，事既六和，理则共证，顾何为佛后百年而异说蜂起耶？其原因固甚复杂也。师承有异，尊古与出新有异，文字、语言有异，上来已略及之，今请更言其余。1. 圣典之存异也：如佛说三界有"无色界"，似有情可有无色者，然缘起遍三界而"名色"、"六处"不离，有情依"五蕴"、"六界"立，不言有无色者。佛弟子取舍其间，莫不融通异说，而无色界之有色与无色成诤。又如戒、定、慧三学，佛或当机抑扬，学者从而轻重之，虽无不言三学而精神则异。诸如此类，不胜枚举。和合必存异，因其所异而异之，学派乃繁兴。2. 性习之各异也：多闻者与多闻者俱，持律、神通、论议者与论议者俱，佛顾而乐之。同气相感，此合彼离，事之常也。3. 传说之纷歧也："因缘"、"譬喻"、"本生"、"本事"、"未曾有"，凡此佛及弟子之事迹，诸天、鬼、畜之事迹，甚至世俗之传说，佛弟子每失之未能甄别。不问其为譬喻、寓言、神话，为史实，为妄说，概视为史实而求其不违于教理；传说既新新不穷,教法亦变化而莫可究诘。4.观点之不尽同也:所依之教典、所处理之问题同,以观点之异、论法之异而结论亦异。此如同一物象,可摄为不同之影片,作不同之体究。设得其当,异说不妨皆是,正不必执一以非余。然一失其正,并存适足以为病。学者出入于贯摄、简别之间,离合错综,学派日多。5.时地之有异也:时者,释尊以平淡笃实为教,一扫空谈与无义之行。佛元百年,僧众犹仍身体力行之旧。迨迦王御世,佛教并政力而隆盛,为学渐重外化,内外之诤辩日多,论理说明之要求日亟,理论乃日趋发达也。如迦王广建塔婆,而供养塔婆之是否能得大福,遂成诤论,此则与时势有关者。地则环境文化之熏染,西北山地,朴实而接触希腊、波斯之文化强;南印富想像,其文化融神秘艺术以为一;恒河流域,思想自由,夙为异学争鸣之场。佛教受环境之熏染,不无受其影响焉! 6.僧制之崇高也:佛教僧团之制,以小区域为独立之单位(界)。于此中住者,事事依法,事事从众,来不拒(犯罪者例外)而去不留,无彼此之分。治之以众,化之以德,齐之以法,均之以利,自他共处之制,蔑以加矣! 释沙门融世界僧伽为一体,而无权力统一之组织,仅有文化、道德,即精神之联系。此崇高之僧制,适宜于学德崇高之理智生活,中人以下似不及。如诤论而稍涉感情,或双方并有僧众为之支持,或一方利用军政者之权力,辄无法使其合一。佛教常有诤论数年而不得和合说戒者,亦由于此。兼之,佛教重自由、德化,不愿勉为之合。其传统精神,判是非不如得谅解,苦合不如乐离。"此僧也,彼僧也,如析金杖而分分皆金。"学派思想之分化,乃至以一颂之微而分为四部,实与此制有关。此今之言僧制者,不可不知也。

第二节　圣　德　观

学派思想之分化发展,如为一系一派之别别论述,不如以论题为中心而观各派离合之为当也。请先言佛陀:释尊正觉缘起之寂灭性,即人身而成佛,智极悲深,固有异于声闻弟子,而况凡夫!然衣、食、起、居,少、壮、衰、老,以目视,以耳闻,佛在人间而犹是人也。即人而成佛,智极悲深,亦唯实现于人间而后知之。即生身而体法身,法身不离于生身,融然无碍,佛固未尝作隔别之说。佛弟子之在佛世,面对佛陀,曾无异说,然所见有浅深,不无偏以见佛相好身为见佛者。释尊之成佛,不以种族、相好、出家之生身,实以其正觉法性,是则依佛所说而行,悟佛所悟,乃真见佛之所以为佛,亦即"法身常在世间"矣!须菩提观性空而见佛;初果名初得法身;"见缘起即见法,见法即见佛":此则如实之说,佛世之旧也。自双林入灭,遗教仅存。佛所觉法,即佛觉之而成佛者,赖文字而传,文字因得法身之名。天竺人尝谓"生身虽灭,法身尚存",故以"缘起偈"内塔中供养,名之为法身塔。去佛渐远,学者不睹金色之身,冲淡简实之法身(圣教、实理)难以满足大众渴仰孺慕之情。尊敬之不已,而"如来色身实无边际,如来威力亦无边际,诸佛寿量亦无边际"之说起。即以生灭人间之释尊为现迹,而佛陀实为常在、遍在、全知、全能之永存,此则上座系学者所不敢苟同也。大众系于佛身之"不为世法所染",释为无一而不清净,无非出世,无非无漏。故谓佛以一音遍说一切法,法无不了义;念念遍知一切法;佛无睡梦;度有情之宏愿,从无厌足也。然佛陀观之崇高,决非纯为大众系及大陆分别说系之想像成之。盖于佛元百年间植其根蘖于圣典,百年后乃新芽怒苗焉。所谓潜植其根蘖者,即"因缘"、"本生"、"譬喻"等,尤以"本生谈"为甚。"本生谈"等,经百年来之传说,或渲染失实,然其源自佛说,则诸宗共信。释尊于三阿僧祇劫中,行大行难行之菩萨道而今乃成佛。然无一处非修道之场,无一有情而不思济拔,如何成佛偏于此土?有情之苦痛方深,释尊何先自入灭?无一物不施,如何有空钵、马麦之报?历劫不杀而多所济拔,如何年仅八十,衰病相缠?不与一有情为怨,如何有魔、外之妨?常得宿命智,见燃灯佛已,自知作佛,如何从外道修无义之行?若以"本生谈"等为史实,衡以教理,则人间释尊为本体之垂化,非佛陀之实,以其视为想像,毋宁视为必至之势。反观上座系之铜镖、说一切有等,多持旧说,然以信受"本生谈"等,即已隐植其义。不能抉择阐发菩萨之实道,徒知偏执声闻,宜其终无以抑大众之新潮,坐视其狂澜之泛溢,甚或转而同化也[①]!

　　大众学者所见之佛陀,既为法身常在、遍在、全知、全能之极果,自非凡常所可一蹴而跻,于是或谓"入第二僧祇即名圣者",或谓"值迦叶时得决定道"。得决定道者,即不起欲想、恚想、害想;愿生恶趣,即随意能往,化现同类之身而济拔之。此以得决定已入圣者位,智齐阿罗汉而悲愿胜之。初得决定者尚尔,况后

身菩萨乎！菩萨之因地，既历长期之圣位，十地等阶位，亦即依此建立也。说一切有系等，以佛身为有漏，一念智不遍知，威力有边际。佛陀观既不若大众学者所说之崇高，故最后身菩萨，"犹是异生，诸结未断"，犹起三想。最后身且尔，况以前乎！此则以菩萨为悲愿胜于声闻，而智证则不及，与大众系异也，大众、分别说系，不徒深化佛菩萨之圣格，即声闻之阿罗汉果，亦主决定不退，与说一切有及犊子系异。既以菩萨入圣位已，能随愿往生恶趣，则恶趣之权、实难明。以声闻之证预流果者可退，"诸预流者，造一切恶，唯除无间"，则不得以行为而判凡圣。阿罗汉为余所诱，犹有无知、疑惑，因他令入，则自亦不知其为凡圣。此"龙蛇混杂，凡圣交参"之精神，大众、分别说系取之。说一切有及犊子系则不然，菩萨得忍以去，不生恶道；预流决定不退；圣者有自证智，不复于四谛、三宝起疑。严凡圣之别，不容稍事混滥也。如来断障净，声闻弟子有余习，此事实也，大众系仰推如来，以声闻不断余习而抑之，渐开抑小扬大之风。声闻不断之余习，演化为无明习地与所知障，而佛菩萨所断之不共障，因之成立。上座说一切有系等不然，阿罗汉之余习，断而犹现行，非不断也①。总上所述以观之，大众系之于圣格，理想则崇高，行践则宽容，轻声闻而贵菩萨，思想多所启发，而言不及实。于清净大众律制之保持，势有所难，固不待大乘与密教之起也。

---

① 参阅《初期大乘佛教之起源与开展》第三章第二节第五项。

第三节　无我无常之世间

世间即空诸行之缘起，无明缘行，乃至生缘老死也。佛尝分别缘起及缘生，二者虽同指十二支之因果，而以缘起为"若佛出世，若不出世，法性，法住，法界常住"。大众及分别说系，以缘起为无为法，缘生为有为法。说一切有及犊子系，则缘起亦是有为，约因果决定义，说法性、法住，非无为常住义也。缘起论因，缘生论果，是二者之别。大众系等以缘起为无为，盖就因果钩锁之必然，而推论其所以必然，必有一常住不变之理则在；因果生灭之必然，无非循此理则之必然而发现而已。缘起无为，颇近柏拉图之理型。彼以概念所知之理型，为有、为实体，知觉所知之事物，为成、为生灭，与缘起是无为、不变、实体，缘生是有为、变异、现象大同。顺此一叙无为法：有为是造作生灭法，无为是本然不生灭法，此二摄一切尽。说一切有系及犊子系，唯三无为：一、"择灭"，诸有漏法，以智慧简择之力，离烦恼系缚而得灭；此灭虽就所灭言，而意指不生灭之实体。二、"非择灭"，则有为法之不复现起，非慧力之简择使然，但由缘阙。如此时本有鼻根嗅香引发鼻识之可能，然以专心色境，此鼻识不生。一切法在生灭中，此鼻识即永无现起之可能；以后鼻识生时，迥非此时可起之旧矣。三、"虚空"，不藉因缘，本自存在之无碍性，而为有碍色法之于中生灭者，与近人之说以太大同。惟此虚空，亦有不许其为无为者。大众分别说系立九无为，而三说互异。大众等四部及化地部，于三无为及"缘起无为"外，立"圣道支性"无为。八正道之能离染而脱生死,称古仙人之道,亦应有其必然之理性,常住不变者在。化地部又立"善法真如"、"不善法真如"、"无记法真如"三者,盖谓善之所以善,不善之所以不善,并有真实不变之理性。三性之现象虽差别,而三性之真实不变易性,是善。又立"不动",指四禅以上离苦乐而显之不动体。大众部等不立三性及不动,而立"空无边处"、"识无边处"、"无所有处"、"非想非非想处"四无为。空无边之空,即虚空。厌色界质碍物之粗障,欣虚空之净妙。无边空观成,断生色之烦恼,离色界质碍而显者,即无为,为有情心行之所依处。然此心所依事,是极微细之色法,故曰无色界有色。余识无边处等三,例此可知。《舍利弗毗昙》,除"择"、"非择"、"缘起"、"四空处"而外,别立"决定"及"法住"为九,与安达罗学派同。总诸家之无为说而观之,则"缘起"、"支性"、"法住"、"三性真如",皆即一切法之必然,而以此必然为形上之实在,即赋生灭以形而上之根据也。"不动"及"四空处",则依心境之寂静而建立者。以是,说一切有系为朴素之实在论者,大众及分别说系则为形而上之实在论者,其思想固条然异也。上座及大众之初,多以无为为实在者。迨经量部兴,立无为假名说,以消极之观念出之,与实在论者相颉颃。诸法实相之为真空,为妙有,可谓以此为滥觞也。佛教所重在择灭,即涅槃无为,在以慧力而得不生,此固可以有、无论之乎①!

即一切生灭有为法而论之,有有无、假实之净。说一切有及犊子系立三世实有:刹那生灭顷之现在法实有,未来法已有而作

①　参阅《性空学探源》第三章(二〇六——二三二,本版一四三——一六一)。

用未生,过去法犹有而作用已灭。此即现实之存在,以类过、未之非无也。大众及分别说系则不然,唯现在实有而过、未非实。说经部同用二世无义,而解说异。此即总有三说:1.说一切有及犊子系,立体用义:法体本然恒尔,约即体之用,未生、正住、已灭而说为三世;生灭约法体所起之引生自果作用言,非谓诸法先无后有,先有后无也。2.大众及分别说系,立理事义:染则缘起,净者道支,理性无为,超三世而恒在。以事缘之引发,乃据理成事。事唯现在,论其曾有、当有而说为过、未,非离现在而有过、未之别体也。3.说经部,立种现义:不离现在诸行而有能生自果之功能性,名曰种子;种子不离现在之诸行,约酬前、引后,乃说为过、未耳!体用义,生灭用依恒存之法体;理事义,生灭事依常寂之理则。种现义于理为长而未尽,彼过、未法固不离现有,现在实亦不离过、未也!于现在有中,军、林等假名无实,诸宗所共。佛以五蕴、十二处、十八界摄一切法。说一切有及犊子系,即计之为真实。大众系之说假部,以十二处为非实。上座系之说经部,以蕴、处为假有。以处为假者,谓色等六外处,眼等六内处,约能为六识之所依、所缘而建立。然一一极微不成所依、所缘之用,和合则非实。此六境非实,如苦乐随心而不同,水火随报而各别。虽经部等犹计十八界之自体为真实,然即此而引申之,开境无、识有之先河。其以蕴为假者,蕴是和合聚集义,集合故非实。即此义而极论之,凡有必因缘和合生,即无一法而非假名。旧传大众系之一说部,即曾作此说。佛教本为常识之实在论者,于正观则唯性空之诸行。学派初兴,多明实有。迨思辨稍深,色法极于微尘,心法极于刹那,即一一法而论其和合大用,为有无、假实所困而莫通。积长期之思辨,迨三世如幻、诸法性空之说张,乃圆见佛意,无复碍滞也。一切有为法,略分色、心、非色非心之三聚。色法中,佛说四大及四大造。说一切有系等,以四大及所造之根、尘为各别实有;经部师则说唯大无造。心法中,佛说心及心所。说一切有等,与心王俱时相应,别有心所法;经部譬喻师,则说心所即是心之差别。非色心法,即不相应行,如生、灭三相等。说一切有及犊子系并视为实有;大众系等,则说为不即不离色心之功能,无别实体。凡此有、无之辨,皆学派诤论所在也①。

有情为本之世间,即惑、业、苦三之缘起。缘起法生灭无常,无一恒存不变之自我,于前后生灭之间,究以何而建立自作自受耶? 于生命之洪流,发现其前后一贯性,诚为必要。佛说有情,依名色、五蕴、六界、六处立,不偏于色,不偏于心,色心和合而情识则为其核心。说一切有及犊子系,依有执受之蕴、界、处和合相续,施设有情,以之建立业果前后之移转。就中说一切有部,以法体——恒住自性,不可说有我;作用则刹那生灭,亦“无少法能从前世转至后世”。然依此生灭用之和合相续,说“有世俗(假名)补特伽罗,说有移转”。此假我之前后嗣续,如波波相次而远望似一也。犊子系立不可说我,“补特伽罗非即蕴离蕴,依蕴、处、界假施设名”。此补特伽罗,依蕴、处、界施设,即体起用,用不离体;故不可说即蕴、非蕴,不可说是假、是实,不可说常住,亦非前后不相及。依此补特伽罗,可说从前世至后世,从凡夫至圣人。此如波浪之前后起灭,而彼此之水性恒一味也。经

① 参阅《性空学探源》第三章第二节第二项第一目,第三章第二节第三项。

量部之本计（说转），立法体常住之一味蕴，作用生灭之根边蕴，即此二者之和合，说"有胜义补特伽罗"，依此可说有移转，与犊子之说同。无常、无我，佛教之常谈，而犊子等六部，不如外道之常我，而建立非刹那无常之真我，以成立生命之一贯、业果之连系。然印度外道之神我，与此不即有为、不离有为之真我，究有何等之差别，学者正不可忽视之也①！大众及分别说系异于是，依心心所而立有情，唱"一心相续"之说，此复与心性本净有关。彼以心之或善、或恶，有漏、无漏，眼识乃至意识，虽极不同，而心之能觉了性无别。即于心心所之相续演化中，发现觉了性内在之常一，与所谓"动中之静"同。此心为贪、嗔、痴所染，有漏而系缚生死；离烦恼时，心性出缠而解脱。以心是一，名一有情；以心是一，善恶业可积集，故曰"无一有情而无心者"。其偏依心、心所法，虽异于犊子，而直觉内在之统一则同，宜其思想于大乘"真常唯心论"中合流为一也。经部譬喻师，取舍其间，本一切有系假名我之见，而立于一心，故曰"离思无异熟因，离受无异熟果"。举业果而安立于依心之假名我，"虚妄唯识论"之前身也。此是学派之本义，其后一心论者，渐分化为本末之二心：大众部离六识而别立"根本识"，与"意界是常"论者合。分别说系之铜鍱，即六识之流而探其意识之根，呼为"有分"。经量末计，于六识种种心外，别立"集起心"。自无常以至真常，自间断至相续，自粗显至深细，虽有所不同，而立六识外之细心，以解说业

---

① 参阅《性空学探源》第三章第二节第二项第二目；《唯识学探源》下编第二章（五二——六八，本版三五——四六）。

果之相续,则一也①。

于生命相续流中,内而身心,外而器界,呈无限差别之相。此粗显间断之差别,如波浪起灭。未来可起,过去非都无,应有深细相续者在,为差别法生起之所依也。先论惑、业:吾人善心现行时,无烦恼而烦恼未断,未断者何耶? 说一切有部,以烦恼缠即随眠,是心所,心相应行。烦恼不起而未断者,以烦恼之"得"随行人未离耳。大众、犊子及分别说系则不然,现行缠虽不起,别有非心、非心所——心不相应行之随眠在。随眠因缠而增长,为现缠作因。随眠犹在,故说烦恼未断。身、语、意业,生而即灭,佛说业力,千劫不失,能引后果,此不失者何耶? 说一切有部,以此为无表色,即因身、语表色而引起之色法,法处所摄。大众、犊子及分别说系,并以表色为有善、不善性,此表色能引思心所之善、不善性。于中饮光部谓业入过去,未得果来不灭。正量部谓业灭过去,别起不相应行之"不失法",随逐行人,得果而后灭。余则"业谢过去,体是无而有曾有义,是故得果"。经部譬喻师,以身、语非业,业唯是思,思心所起之潜能,待缘成熟而感果也。若总一切法为论:说一切有及犊子系用体用义,法体恒住自性,以因缘力使未来法起用来现在。此法体似有常住之嫌,经量本计,即据此而立一味之常蕴,为作用蕴生灭所依。大众、分别说系用理事义,然理为不变之轨则,成事有待于有为之事相。既唯现在而无过、未,则心摄未来之能生性,过去之曾习性于现在,潜在于现行法之底里。大众部立"摄识",为不相应行,

---

① 参阅《唯识学探源》下编第二章(六九——一二一,本版四七——八二)。

识上变异之用。化地部则"诸蕴、处、界现在",即于生灭现行之"一念顷蕴"中,别立业力之"一期生蕴",色心功能之"穷生死蕴"。譬喻者折衷其间,舍过、未之实有,舍无为之理则,不离现在诸行,立不即诸行之种习为诸法生起所因也①。

第四节　无我涅槃之出世

凡夫有漏之身心,何由而得圣道现前?二世有者,未来法中,本有无漏圣法,以有漏慧为缘,引之来现在。故初念无漏,无同类因,然有相应因等。二世无者,大众、分别说系,谓有情之心性本净,为客尘所缠,名为有漏;离烦恼时,即此净心为无漏因。说一切有系之经量本计,谓"异生位中,亦有圣法";末计则说"有漏心心所法为无漏种,而体非无漏",如乳之变为酪而乳非酪也。具此成圣之可能,修道断惑则成圣。断惑证理,唯智慧力,然戒、定、慧三学相资,诸家互有所重。如说一切有系重禅定,分别说系重戒律,大众系重慧,乃有"慧为加行"之说②。圣道是有为法,因修观慧而生,诸宗之共义也。说假部独说"由福故得圣道,道不可修,道不可坏",则是了因所了,以无为视之也。东山住部亦主道体无为之说。夫有为者,生者必灭,圣道是有为,则"法尚应舍",终归于磨灭。此既足以张三乘共入无余之说,即佛寿无边际,亦理有所难。自道体真常之说兴,涅槃妙有之谈乃日见宏肆也。加行位中,观四谛理;然其证入见道,说

①　参阅《唯识学探源》下编第三章(一二五——一九三,本版八六——一三三)。
②　参阅《唯识学探源》下编第三章第五节。

一切有及犊子系,主四谛渐现观,十五心或十六心中次第而入。大众及分别说系,则于四谛一时现观,顿入四谛共相之空无我性。即观一切法无常故苦,苦故无我、无我所,证空寂无生之一灭,乃名见道。余若大众者之"苦能引道,苦言能助",与东南印之文化有关,独开行持之特色也。

上述种种,大抵为佛元五百年间之旧,撮要而谈,不复一一。

第九章 中印之法难

第一节 教难之概况及其由来

迦王之世，佛教一跃而为印度之国教，远及异域，炳耀其悲智之荣光。然诸行无常，迦王殁，不五十年而教难起；自尔以来，佛教退为印度文明之波涛，不复为主流矣！迦王殁后，其子达摩婆陀那立。依耆那教徒所传，王尝于五印度广建耆那寺院，其子多车王则为邪命外道造三洞窟精舍云。佛元二百零四年，多车王不孚众望，大臣补砂蜜多罗握兵权，得婆罗门国师之助，乃弑王而自立。于是冒狸王朝亡，建熏迦王朝。补砂蜜多罗王信婆罗门教，行迦王悬为厉禁之马祠，开始为毁寺、戮僧之反佛教行为。佛教所受苦难之程度，传记多不详。《阿育王传》《舍利弗问经》，极言其寺空、僧绝，有避入南山以仅存者。王殁，佛教乃稍稍复兴，然远非昔日之旧矣。幸补砂蜜多罗王之排佛仅及于中印，时西北印及南印非其政力所及也。

教难之来，有内因，亦有外缘。内因者，佛教之兴也，不特以解脱道之真，亦以革吠陀之弊而救其穷。泯阶级为平等，化天道为人事，即独住为和合，离苦乐为中道，禁咒术，辟神权，人本笃实之教，实予雅利安人以新生之道。然自迦王御世，佛教勃兴而淳源渐失，彼婆罗门以之而衰蔽者，佛徒则蹈其覆辙矣！部执竞兴，失和乐一味之风，动辄争持数年而不决。是非杂以感情，如说一切有者以大天为三逆极恶，大众者亦于持律耶舍有微词，此皆自诬自轻以自害也。化外之要求亟而"论藏"兴，论兴而空谈盛。其极也，务深玄不务实际，哲理之思辨日深，化世之实效日鲜。至若"杂藏"兴而情伪起，"咒藏"兴而神秘炽，每异佛世之旧。而广致利养，僧流浮杂，则其致命之伤也。迦王崇佛，作广大布施，动辄以百万计。建舍利塔八万四千，修精舍，竖石柱，乃至三以阎浮施。无遮大施，于印度本不足异，然偏为佛教，当不无妒嫉愤慨者。王大夫人咒訾菩提树；嗣王及大臣，鉴于府藏之虚，制王而仅得半诃梨勒果供僧，其势之不可长明矣。释尊有留乳之训，辍施之劝，而佛徒莫之觉也。朝野之信施既盛，必有为衣食而出家者，贼住比丘滥入佛门，事应有之。无淡泊笃实之行，以广致利养为能，有唱"由福故得圣道"者，有尊"福德上座"者。僧物充积而国敝民艰；净人为之役，僧侣则空谈而享其成。处国难之运，敌教者又播弄其间，毁寺戮僧以掠其金宝府蓄，盖亦难以幸免矣。昔释尊垂训，以广致利养为正法衰颓之缘，而后世佛徒，卒以此召祸也。虽然，佛徒之内窳未极，遗制犹存，若非外力之鼓动其间，则事不至此。外力者，雅利安贵族之反动是。雅利安人抵五河，成《梨俱吠陀》，奠定其文明之本。次达恒河流域，初则整理祭典而予以神学之解说，成《梵书》，确立婆罗门教之三纲。继则熏染于东方民族，依《梵书》之极意，发为苦行、禅思、解脱之风,成《奥义书》。《奥义书》兴,反吠陀之潮流,以东方新兴民族之摩竭陀为中心而崛起,佛教亦其一也。释尊以人本、笃实之中道观,揭慈悲、平等之教,力反吠陀,然于雅利安人优良崇高之传统,未尝不取而化之。自俗谛之立场言,佛教乃立足于蒙古族文化,而摄取雅利安文化者。以此,以婆罗门教为思想动力之雅利安人,不以佛教为正统者,且敌视之。自佛教之创立以迄冒狸王朝之亡,凡二百五十年,佛教极一时之盛。婆罗门教虽一时中落,然以千百年来之深入民间,力量雄厚,犹自以印度之国教自居。在政治,有国师其人,能左右政权,得其同意,可擅行废立。在宗教,即反吠陀者,其哲理亦与"创造赞歌"、《奥义书》等有关。在人民之日常生活,自诞生、婚姻而死亡,自家庭、社会而国家,婆罗门教无不一一见之于实际。政教一贯之婆罗门文明,颇坚韧有力。中落期中,或承礼法之要求,组成几多之"经书"、"吠陀支分",以及《摩瓷法论》等名著,于阶级之别,特为严格之规定;或应信仰之要求,鼓吹神之热信,毗纽笈、湿婆、梵天,则其有力者也;或应哲理之要求,流出"吠檀多"等学派。积三百年之努力,虽哲理远不及佛教,神力愚民异佛教,而融宗教为人民生活之全体,则非后起之佛教可及。佛教之失败,亦在于此。依印度之古例,如纯为宗教之争,则不外集人民而辩论以定之。中印排佛之出于毁寺戮僧,政治其重心焉。婆罗门教为政治之动力,以冒狸王朝之大一统而危殆;佛教之种族平等、仁民爱物思想,影响支配乎政治,实婆罗门贵族政治家所痛心者。迦王逝世,适达罗维荼民族勃兴于南印,希腊、波斯人进窥于西北,冒狸王朝之政权仅及于中印。国家受南北之威胁,国王庸懦无能,婆罗门阶级乃鼓弄其间,归咎于佛教之无神、无诤。藉补砂蜜多罗之兵权,废多车王,行马祠,以政治阴谋,为广大之排佛。行马祠已,西征得小胜,婆罗门者乃大振厥辞。然摩竭陀王朝之衰落,如恒流东奔,势成莫挽,熏迦朝十传(仅一百零二年)而至地天王,婆罗门大臣婆须提婆又得婆罗门国师之赞许而行篡立,别建迦思婆王朝。四传至善护王,凡四十五年,为安达罗王尸摩迦所灭。婆罗门文明之复起,终无以救摩竭陀王朝之危亡,而阶级、神秘,则陷印度于厄运,迄今日而未已。

第二节　教难引起之后果

中印佛教,随摩竭陀王朝俱衰。熏迦、迦思婆朝,佛教抑抑不得志,僧众多南游、北上以避之,促成安达罗中心之南方佛教,迦湿弥罗、犍陀罗中心之北方佛教,为独特偏至之发展。分别说系,南化于大众系,北影响于譬喻师,并中印法难后事也。北方事分析,为实在多元论,其极出婆沙师。南方重直观,明一体常空,其极出方广道人。一则严密而琐碎,一则雄浑而脱略。迨安达罗王朝入主中印,中印佛教乃稍稍有起色。然摩竭陀中心之中印佛教,夙为分别说系教化之区,以受创深钜,复兴不易,非输入新思想不为功,时值安达罗文明发轫之期,故取于大众系者特多。昔迦王之世,分别说系初分,其传入锡兰者,朴素可喜;而大陆分别说系则反是,如化地之糅世学,法藏之含明咒,其不必即初分之旧,受安达罗朝文化之熏染而同化耳!本佛所说而衍为学派,彼此各得其一体,分别说系折中其间,尤长。教难而后,南北日趋偏颇,中印佛教则常为折中而综合之。此至后期佛教犹尔,惜流于邪正综合为可憾耳!

佛教因教难而引起之变质,以教务外延、法灭及他力思想为最。佛教摄雅利安人之优良传统,而实归宗于中道,与吠陀异趣。摩竭陀东北一带,受雅利安文化之熏陶而多为蒙古族,宜佛教之能适应而诞育成长也(佛教势成黄种人之宗教,以此)。教难之先,学理间或出入,而佛则释尊,法则三藏,僧则声闻,犹大体从同。教难而后,因政治关系而南北分化。僧众未能注力于摄雅利安人之优良传统,阐佛教之特质,以谋印度佛教之综合发扬。以感于教难,乃本世界宗教之见,不崇内、固本、清源,而教化日务外延。万里传经,惟恐不及,重广布而不求精严。以随方而应,即释尊所深斥者,亦不惜资以为方便。佛教叠经教难而犹能遍布于人间,赖此者正多。然不固本,印度佛教日衰;不清源,化达于他方者,虽源承五印而多歧,不尽释尊之本,可慨者一。生者必灭,盛者必衰,佛教在世间,自当有尽时。然住世几久,盛而衰,衰而复兴,要以佛弟子之信行为转移,业感非命定也。释尊制戒摄僧,和合则集群力,清净则除邪杂,以是正法住千年,不以人去而法灭。经、律旧传此说,遥指千年之长时,本以称誉圣教也。自教难勃兴,古人即兴千年法灭之感,可谓"言同心异"矣。或说五百,或说千年,法灭之时、地、因缘,一一预记以相警。如《迦丁比丘说当来变经》等,其思想弥漫于教界。法灭有期,一若命定而无可移易。雄健之风,荡焉无存,易之以颓丧。哀莫大于心死,可慨者二。佛弟子自视甚高,淡泊自足,随方游化,无需乎政力之助,亦不忍政力之缚。外化、内净,一本自力,僧事固非王臣所得而问也。迦王诚护正法,然受命之传教师,即王子摩哂陀,亦悄然南行,不闻煊赫之声。教难而后,佛弟子感自力之不足,而佛法乃转以付嘱王公大臣。僧团之清净,佛法之流布,一一渴望外力为之助,一若非如此不足以幸存者。又天、龙护法,圣典有之。僧众和合清净以为法,孰不珍护如眼目乎! 诚于中者形于外,自力动而外力成,来助非求助也。教难而后,护法之思想日盛,而出于卑颜之求。其极也,圣教之住世,生死之解脱,悉有赖于天神或圣贤之助力。他力思想之发展,一反于佛教之旧,可慨者三。中印法难之关系于未来佛教,岂浅鲜哉!

第十章　南北朝时代之佛教

第一节　王朝之变迁

佛元二百零四年,中印法难起,佛教为南北之分化。三百六十年,安达罗王朝入主中印,与北方贵霜王朝并峙,迄笈多王朝兴而复归于统一。自南北独立、并立以至统一,凡五世纪之久,可称为南北朝时代。初,南印德干高原之达罗维荼民族,自始即有文化,受吠陀文明之启发始立国家,如安达罗等,为时约佛世之前后。此后,佛教文明相继流入,受高等文化之融冶,乃发展为富有特色之文明。文化既启,国力日强,迦王世之臣附者,今则独立而转为内侵矣。就中,安达罗国最强,尝约乌荼国共窥摩竭陀,为补砂蜜多罗所拒而止。然安达罗王尸摩迦时,卒陷波吒利弗,创安达罗王朝,凡二百六十年而亡。其西北,则迦王之世,希腊人成立大夏厅。迦王殁后,希腊、波斯人逾开伯尔山隘而东,略犍陀罗等地。二百二十年顷,弥兰陀王将大军入印度,略印度河流域,直逼恒河之上流;乃摆脱大夏厅而独立,都舍竭(奢羯罗)。王于佛教有净信,尝就那伽斯那(那先,即龙军)比丘而问佛法,集其问答为一书,即汉译之《那先比丘经》也。此后,希腊人在印度之势力日衰。佛元三百六十一年顷,大月氏王丘就却灭之,创贵霜王朝。月支,本塞种之一支,初居甘肃西境,为匈奴所逼,西走阿姆河,破大夏而据其地。丘就却,亦称贵霜,于同族五部翕候(翕候,犹华言将军)中特强,乃并四翕候而为大月氏王。侵略四方,有迦湿弥罗,西达于波斯之境,东及于印度河。迨阎膏珍在位,又侵入印度内地,而有西北印度之全境。继此而立者,即诚信佛教之名王迦腻色迦也。王约于佛元五百二十年顷登位,以迦湿弥罗之迦腻色迦补罗为首都,西胜波斯,东侵波谜罗,攻于阗等地,受汉地之质子而优遇之。王初信异学,晚年乃专心佛教,此可证之于所铸之货币。最初发行者,形式美而题以希腊语,刻日、月神像。其次发行者,以希腊文题古波斯语,刻希腊、波斯、印度之神像,未见有作释迦像者。自王而后,西域之佛教乃开始新时代,大法盛于中华,此王与有力焉!五百五十年顷,其子富西伽立。尔后,月支之势力渐衰,国祚延长至七百年许而灭,印度乃复归于一①。

第二节　西北印佛教之隆盛

　　于此期中,大乘佛教已自南而北,应时流行,此当别为专章,先一论西北印一切有系之发达。自末阐地等弘化西北,西北印之法事渐盛,俨成说一切有系之化区。惟拘罗及五河地方,即吠

---

　　① 参阅《初期大乘佛教之起源与开展》第七章第二节第一项。

陀文明之发祥地,则稍寂寞焉。本系之特色,富论典之撰述。传说优婆毱多有《理目足论》之作。此后论师之撰述至夥,第七章"阿毗达磨之发达"中,已概述之。"阿毗达磨"即择法,本以为禅思之思择,故此系特重禅定。《杂事》称阿难弟子坐禅第一,《付法藏传》称优婆毱多坐禅第一。学风重禅,而迦湿弥罗之环境于坐禅特佳,宜后之禅师、论师,十九为该系之尊者。西北印当异族入侵之冲,幸而希腊人、塞人,多受印度文明之化,于佛教尤契合无间,乃能日拓其化区。然戎马纷纭,碍难自亦不免,"将有三恶王,大秦(希腊)在于前,拨罗在于后,安息在中央,由是正法有弃亡"。古人实感慨系之。迦腻色迦王,初亦多所杀伐,后得胁尊者、马鸣之化,乃大崇佛法,于富楼沙补罗造有名之佛塔,高四十余丈,庄严伟大冠全印。王于佛教贡献之最巨者,厥为结集一事。先是,学派分流,异说孔多。说一切有系中,自迦旃延尼子造《发智论》,法胜造《心论》,末流所趋,多生诤论。东系以《发智论》为佛说,而西系之极端者竟视为异论。加之,童受作《喻鬘》诸论,宗经以抑论,与中印之分别说系相呼应。譬喻者与分别论者,多含空义,颇足动有部之宗本,于是有《婆沙》之结集也。《西域记》传:迦腻色迦王尝以道问人而解答各异,以问胁尊者,尊者曰:"如来去世,岁月逾邈。其弟子各以自宗为是,他宗为非,所以致有今日。"王闻而痛惜之,乃发心护持结集云。当时所结集者,《西域记》谓:集五百圣众,以世友菩萨为上座,结集三藏而详释之,凡三十万颂。王乃铜镍雕镂,珍藏石室,不许妄传国外。此则集说一切有之三藏而为之解释,《大毗婆沙论》,其一也。然西藏所传:王于迦湿弥罗之耳环林精舍,集五百阿罗汉、五百菩萨、五百在家学者,使结集佛语。自尔以后,十八部异说,悉认为真佛教。又记录律文;其经、论之未尽录者补录之,已记者则为之校正。果尔,则三藏之结集,不局于有部矣。佛元二千二百九十七年,施婆那博士于西北印,掘得迦腻色迦王供养之舍利函,刻有王名,又云"纳受说一切有部众"。据此,王之特信说一切有部,确无可疑,藏传则后人想像之辞耳!时所集者,依《西域记》,乃三藏之释论。《智论》谓"胁尊者作四阿含之优波提舍,大行于世"。庞然钜作,以集多数人编辑成之为近似,胁尊者应即发起人也。今之《大毗婆沙论》,有"昔迦腻色迦王时"之言,则本论又经后人修补之矣。《大毗婆沙论》,乃《发智》之释论,其编纂之动机,实感于异说之相胁。《发智》学者得王之护持,乃释《论》以裁正众说。凡有部别系,同系诸师,悉致破斥,于譬喻者及分别论者,尤为其弹斥之的。论成,说一切有义大成,一时呈隆盛之势。然说一切实有,至此而极;机械之分析,亦于此而极,盛之极即衰之始也。如以五根为世第一法,犊子、经量、旧阿毗达磨师并同。古义本就总聚而约特胜以标名,《发智论》自分析之见地,以五根为但心所也,改立心心所法为世第一法。《婆沙》则更论及随心行之"得"等。以之抉择论门,自极繁广。《婆沙论》陷于极端之多元实在论,闻经说"得无学圣法",即立一能得之"得"。闻法生、法灭,即立一生法、灭法之"生""灭"。然"得"复待得,"生"亦由生,乃不得不立"得得"、"生生"以通之,则经所未闻也(大众经有之)。若即此意而极论之,则得得不已,生生无穷,乃创连环论法以通之。如"得"能得于法,此"得"别有"得得"得之,此"得得"还为彼"得"所得。"得"与"得得"相为因果,乃若可通,若以譬喻、分别论者之见衡之,则不啻作茧自缚也。高深不在繁琐,"阿毗达磨"之教权,求其持久,盖亦难矣!

《大毗婆沙论》之编纂,集众五百,传以世友、法救、妙音、觉天为四大评家,此未必尔。论解三世一切有,有四家所说不同,学者即因之误传。如觉天等学近譬喻者,妙音乃西方师之先贤,论中力事破斥;此乃一切有系之异师,非迦湿弥罗之《发智》学者,安见其为评家也!世友立说近《发智》,然"灭定有心",与譬喻师同。自道安以来,并称世友为菩萨,是否即婆沙会中之上座,疑亦因婆沙取世友"依用立世"而误会成之。至称其志在大道,未证圣果,则效肇王舍结集之阿难、毗舍离结集之曲安,非事实也。参与此会者,《西域记》仅记世友一人为菩萨,《世亲传》则罗汉、菩萨各五百人,藏传又增世学五百人。藏传世友为五千大乘僧之长,富楼那迦为五千小乘僧之长:凡此并当时流行大乘之征。以《婆沙》之思想论之,吾宁从龙树之说,出"迦旃延尼子弟子辈"之手。从事《毗婆沙》之编纂中,《世亲传》谓"马鸣著文,十二年而成"。马鸣生值其时,为之润文,或有之,然非婆沙师也[1]。

第三节　佛化雕刻之发达

于此漫长之时期,中南印声闻佛教之情况,全付诸黑暗,不

---

[1]　参阅《说一切有部为主的论书与论师之研究》第五章第二节。

复能详。惟时佛化雕刻之风颇为流行，其影响于佛教，实深且钜也。出世解脱之道，泊然而足，知苦则厌，在忘情以觉灭。音乐、美术之类，易为道障，以是音声之吟哦，歌伎之观听，华鬘之严饰，概非比丘所应行。即俗人以歌舞伎乐为业，佛亦不以为然。朴而无欲，质而不文，颇类道、墨之说。旧传佛世，祇洹画天王、夜叉之像，仅见于《有部律》，疑亦后出。迦王作石柱，柱头之浮雕，仅有佛化之象征物。佛像之雕刻，则始于熏迦王朝。佛化雕刻之初，常以法轮、菩提树等表象佛陀，无有作人体者。最初雕刻之佛像，据今所已发现者，萨特那之立像，时为佛元二百六十五年，其像盖取法夜叉像而改造成之。如南印秣罗矩吒（马都拉）所发现之佛像，皆其类也。早期之佛像，顶无肉髻，坐则多以狮子为主。夜叉，本达罗维荼民族之神，以雄健著；于佛教为护法神，即金刚力士是。际达罗维荼民族文化发扬之时，流行佛像，而佛像即取法于夜叉，其意味之深长为何如！此雕像之风，自南而渐入北印，成所谓犍陀罗式。佛像有肉髻，莲花作座者多。比于中南印者之雄浑勇健，微嫌纤弱，而轻盈活动则过之。时南印摩腊婆之佛教，亦盛行雕刻，如迦利、那西克、阿阇思陀等洞之雕刻，阿摩罗婆提塔婆之雕刻。此等虽经后世之修改，然最古部分约成于佛元三世纪顷。其中迦利及阿摩罗婆提之建筑属大众部，那西克洞属贤胄部，皆由其刻文知之。阿阇思陀之石刻，有观音、文殊像，殆大乘学者为之。又频阇耶山北，有石塔门、石栏等，有"本生谈"及化迹之雕刻，考者谓作于阿恕迦王不远之时云。

佛像始于佛世，优填王以久不见佛，造旃檀佛像，旧有其说。

亚历山大入侵,遗希腊式之石像于贡大拉。印度之石像及佛像,似起源甚早。然阿恕迦王建塔以供舍利(其作用与造像同),立柱以纪圣迹、布教令,未闻作佛像之浮雕(平面、半立体、全立体三式)。南印度有邬驮衍尼(优禅尼)者,即今之印度尔,与优填之音正合。该地大小乘并盛,优填王造像之说,或起于此!解脱之佛教,忘情达本,崇高之理智生活,足以安心。然去佛日远,释尊悲智之格化,渐难为世人所喻,感情之信仰油然而兴。南印之达罗维荼民族,富神秘,好象征;北印之希腊人、塞人等,亦各有其所崇之神像。求其不自声色门中入,直承古圣之教,势有所难,佛化雕刻之风行,非偶然也。情感之象教盛,雄浑朴质之风失,而后即情以达智,即智以化情,情智融合之大乘,亦应时而兴。佛像既陈,一则求其丽饰,一则望其呵护,思想为之一变,浸渐而流为神鬼之崇拜,此岂创始者所及料耶?

第十一章　大乘佛教导源

第一节　思想之根柢、启发与完成

　　大乘者,立成佛之大愿,行悲智兼济之行,以成佛为终极者也。修菩萨行而后成佛,佛弟子无否认者。然以菩萨行为大乘,抑声闻行为小乘,于"阿含"、"毗尼"外,别有多量之大乘经,则有"大乘非佛说"之诤焉!平心论之,以大乘经为金口亲说,非吾人所敢言,然其思想之确而当理,则无可疑者。夫释尊修菩萨道而成佛,乃以直趋解脱教人,不令成佛!声闻弟子之自杀者有之,自请入灭者有之,避世若浼者有之,而佛则游化人间,老而弥勤,虽波旬请灭亦不许。十力大师,悲智无伦,"佛为法根,法从佛出",声闻弟子曾未闻有自视齐佛者,师资之道,其有所异乎?佛成道已,经一期之禅思,有"辛勤我所证,显说为徒劳"之叹。受请已,乃起而转法轮。欲说而若有所难说者,何耶?以释尊悲智之大化,律声闻独善之小行,则时机所限,释尊本怀未畅,别有大道之思想,固极自然而极合理也。《法华经》之三七日思维,为实道而施方便;《华严经》之初教菩萨,次乃渐化声闻,要皆有见于此。

大乘思想之启发，以佛德、菩萨行之阐述为有力。"见贤思齐"，求达于悲深智极之佛果，大丈夫当如是矣！吠陀有七圣，耆那教有二十三胜者，佛教则立七佛。《长阿含》中，毗沙门归敬三宝已，别敬释尊，则知现在有多佛。以是，竖论之，近则七佛相承，远则无量佛出；横论之，则有十方诸佛。"佛佛道同"，而后古佛遗闻，他方佛说，诸佛共集，乃时时而出也。《阿含经》唯二菩萨，即释尊（未成佛以前）与弥勒。然佛果既多，因行之菩萨当不少。即坚拒大乘之有部，其律典亦说提婆达多、未生怨王授成佛之记；善财童子是贤劫菩萨；舍利子为众说法，或发无上菩提心。是知菩萨道思想之确立，固事理所必然，非一二人所能虚造者也。

发大菩提心，行菩萨兼济之行，《阿含经》不详。释尊未以佛道教弟子，而尝自述其往行，有所谓"本生谈"者。释尊于往昔中勤求佛法，慈济有情，但求事有所济；即明知无济，亦但行自心之所安。无苦而不能忍，虽身命亦可舍，此悲智之大雄力也。为外道，为王、臣，为农、工、商、贾，为鸟兽，事有所益于有情者，无微不至。行杀、盗、淫、妄而足以利人者，则杀之、盗、淫、妄之，此悲智之大善巧也。菩萨行与声闻行异趣，以"本生谈"最明。"本生"，即释尊本行之传记，多有取材于印度传说而净化之者。其种类至夥，或遗失，或创新，正不必一一为佛说之旧，然释尊尝以之为菩萨大行之典则，则无有能否认之者。然则取法释尊之本行而行菩萨道，佛弟子孰得而非议之！依"本生谈"所说而思辨之，弥显佛、菩萨圣德之崇高，此则已于第八章"学派思想泛论"中言之。本佛陀之圣德，"本生谈"之大行，进窥释尊之本怀，会入生死解脱之道，所谓大乘成佛之道，已具体而微，呼之欲出矣！

第二节　大乘藏结集流布之谜

大乘经数多而量大，以十万颂为部者，昔斫句迦国即有十数。如此浩如烟海之圣典，果佛说而结集者谁乎？《智论》传一说："文殊、弥勒等大菩萨，将阿难于铁围山结集大乘。"《菩萨处胎经》说：佛灭七日，迦叶、阿难等于婆罗双树间，集大乘为胎化等八藏。真谛、玄奘等传：王舍结集时，别有窟外大众结集，其中有大乘经。凡此诸说，悉以大乘经为亲从佛说，离四阿含等而独立，影响仿佛，实无一可征信者。

圣典初集为九部经，以经、律别之，则"修多罗"、"祇夜"、"伽陀"为"经"（达磨），"本生"等为"律"（毗奈耶）。"本生"、"譬喻"之摄于"毗奈耶"，如《智论》中说："摩偷罗国毗尼，含阿波陀那（譬喻）、本生，有八十部。罽宾国毗尼，除却本生、阿波陀那，但取要用作十部。"《涅槃经》亦说："如戒律中所说譬喻，是名阿波陀那。""因缘"与律有关，则尽人所知。"本事"、"未曾有"、"方广"，例此应亦"毗奈耶"摄也。

迨迦王之世，大众、分别说系，于四阿含外立"杂部"，次即扩张为"杂藏"。盖以"本生"等为主，博采遗闻故事以组成之。"杂藏"之成立，开三藏外大乘经之始矣。如释尊一代之化迹（兼"本生"），"摩诃僧祇师名为大事；萨婆多师名此经为大庄严，迦叶维师名为佛往因缘；昙无德师名为释迦牟尼佛本行；尼沙塞师名为毗尼藏根本"。化地部（尼沙塞）名为"毗尼藏根本"，足为源出毗尼之证。今存梵本《大事》，属大众系说出世部，明戒律，有"菩萨十地"之文，与《般若经》之十地近。大乘经之渊源，不难想见之矣。然大乘，不止释尊之化迹本行已也。以释尊之身教、言教为经，"经"、"律"之深见要行为纬，博采异闻，融摄世学，而别为更张组织之，迥非"杂藏"之旧，乃离"杂藏"而别立，成"菩萨藏"。其经过，可于"增一经、论"见之。经曰："方等大乘义玄邃，及诸契经为杂藏。"是大乘犹为"杂藏"之一分。论释则谓"佛在世时，阿阇世王问佛菩萨行事，如来为说法，佛在世时，已名大士藏。阿难所撰（集）者，即今四藏，合而言之为五藏"，则"菩萨藏"已离"杂藏"而别立矣。法藏部立"明咒藏"，不见于《四分律》，此应初即少有，后更广集成之。于"毗尼"（兼经）衍出"杂藏"，"杂藏"衍出"菩萨藏"，次出"明咒藏"，亦仅就其成立而概言之，详则不可知也。

　　大乘藏数多而量大，非一人一时出。其初为纂集，离"杂藏"而独立者，时则佛元四世纪以降，时时而出；人则大众及大陆分别说系之学者为之。佛典重口授传诵，即记录以后，犹遗风不尽，演变实多。大乘经之自传说而为定型（中多演变），经一人、一地、一派、一系之传诵流布，渐为人所熟知，终乃见于典籍，实经悠久之岁月而来。义本佛说，而不可于文句求之；编集自有其人，而古哲不欲以名闻。佛法"依法不依人"，求不违法相、不违释尊之精神可也，必欲证实其结集者，既不能亦无当也。

　　大乘经之传布人间，古多传说。汉传龙树入龙宫，得《华严经》。藏传大乘经皆天龙等所守护，如《般若经》即龙树于龙宫得之。秘密者传龙树入南天铁塔,从金刚萨埵面授《大日经》。以是,或疑大乘经为龙树所集出。不知印人薄于史地观念,于经典之不知所自来者,辄归诸时众所崇信之天神、哲人。当声闻教遗闻之集出,多归于释尊及门之弟子,如多闻部之大迦旃延、说假部之祀皮衣、法藏部之目犍连、律之优波离等。大乘教法之出,去佛且四世纪,为人注目则更后。以传说天、龙等长寿,金刚力士(夜叉)护法,乃于大乘经之传出,想像为天、龙所守护,龙树等所传。入龙宫,开铁塔,或者拟于敦煌石室遗物之发现,是误以象喻为事实也。入龙宫见龙王,开铁塔见金刚萨埵而传出,乃象喻观心悟入法性,而后弘通此法耳。经既不自龙宫、铁塔来,人亦非龙树也。即以《般若经》而论,龙树之《般若释论》,广引古人之旧说,又以经文缺十八界为诵者忘失。龙树所依之经本,显非初出或自作,但以龙树起而大乘兴,于《般若》、《华严》特多宗重,昔之潜行者,今则离小乘而独步,后学乃归诸龙树耳①。

　　大乘经之流布有先后,此与编集时节、思潮之演变有关,不可不深切思之。大乘经中每自述其传布人间之时代,或佛后四百年、或五百年不等,据此可推知出世之年;然印人于佛元传说无定,故可参考而不可偏执也。又经中尝引述余经,如《无量义经》叙及《般若》、《华严》;《法华经》又叙及《无量义》;《大般涅槃经》则论及《华严》、《般若》、《法华》;《楞伽经》叙及《大云》、《涅槃》、《胜鬘》、《央掘魔》;《密严经》则又叙及《华严》、《楞

---

　　①　参阅《龙树龙宫取经考》(《佛教史地考论》二一一——二二二,本版一四一——一四七)。

伽》。诸如此类,皆可见其次第之迹。惟《华严》、《般若》等大部,非一时所出,则又不可不知也。大乘经中每悬记后代之论师,如《摩诃摩耶经》之马鸣、龙树,《楞伽经》之龙树,《文殊大教王经》之龙树、无著等,皆足以推知该经出世之时节。即印度王、臣、学者之名,亦可资以为证。

其尤为重要者,则依圣典之判教,得知经典传布之先后,且能藉以见思想演进之迹。如"阿含"、"毗奈耶"中,无有以说教之先后而判教理之浅深者。此即初期佛教之圣典,小行大隐,有三乘之名而以声闻乘为中心。迨大乘经出,或含小明大,或折小明大,或简小明大。法既有大乘、小乘二者之别,说教亦有先后,如《般若》、《思益》之"见第二法轮转"等。此即中期佛教之经,大、小并存,有三乘之名而以菩萨乘为主。继此而起者,虽或待小明大,于大中更事分别而为三教:如《法华》之初令除粪,次教理家(指《般若经》等),后则付业。《陀罗尼自在王经》、《金光明经》、《千钵经》,并判先说有,次说空,后说真常(中)之三教。《理趣经》举"三藏"、"般若"、"陀罗尼"。凡此三教,约理而论,初说事有,次明性空,后显真常。约被机而论,初则声闻,次则不废声闻而明大乘,后则一切有情成佛之一乘。此即后期佛教之经,判三教,无小不大,以佛果乘为中心。此外复有旁流,如《解深密经》立有、空、中三教,寄圆成实之真常于依他有中明之。初为小,次为大,后为三乘。若知大乘导源于大众、分别说系,《解深密经》乃瑜伽学者所出,渊源说一切有系而进达大乘者,则其事易明。虽孤军突起,直往无前,而终于助成时代佛教之真常而已。别有《大乘妙智经》,初说心境俱有,次明境空心有,后

辨心境皆空;此则佛元九世纪,中观宗复兴,起与唯识宗共诤之
迹也。《深密》与《妙智》相反,而皆为后期佛教之一端。能参详
上述四义,旁助于印度之论典,中国之译经史、判教说,则于教理
思想之演进,犹将洞然明白,岂仅大乘经传布之先后而已①!

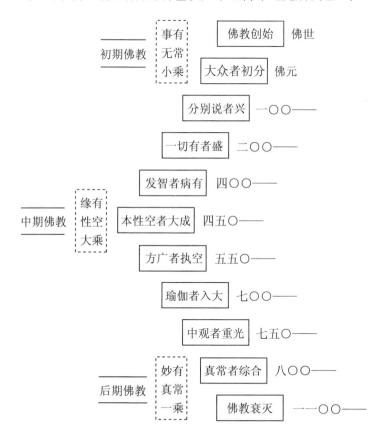

①　下表,主要依论师之发展而说。

第三节　菩萨之伟大

《增一阿含经序》,以解空寂理、行六度之行为菩萨乘,可谓要言不烦,直中肯綮。夫悲事非大行不成,解脱非解空不成;智见空,悲入有,如鸟之有两翼,乃能有所至。菩萨道虽深广无伦,《般若经》以三句释之,罄无不尽。一、"一切智智相应作意"者:一切智智即无上菩提,即以佛智为中心而摄一切佛德。学者于生死中创发大心,期圆成此崇高究竟之佛德。虚空可尽,此希圣成佛之大志不移,能发此菩提心者,即名菩提萨埵(菩萨)。萨埵即有情,强毅而不拔,热诚而奔放,凡人以此趋生死者,今则以此求菩提。此大菩提愿,乃成佛之因种也。声闻志求解脱,以出离心为因,与菩萨异。二、"大悲为上首"者:悲以拔苦为义。世间即苦,知之切者痛之深,人莫不能离苦而莫知之也。背解脱,趣生死,吾不济拔谁济之? 以有情之苦乐为苦乐,如母之子忧而忧,子乐而乐,故曰"为众生病";"我不入地狱,谁入地狱"。悲心彻骨髓而莫能自已,唯悲所之。"菩萨但从大悲生",悲心(情)动而后求佛果(意志),非为成佛而生大悲也。菩萨悯苦,与声闻厌苦异。三、"无所得为方便而行"者:世间即缘起,缘起无自性;无自性而愚夫执以为实,故于无生死中成生死,无苦痛中有苦痛。陷身网罟,触处荆榛,自苦不能离,他苦不能拔也。达一切法之本空,无我无我所,外不拘于物,内不蔽于我,以无所得为方便,乃能忘我以为众,行六度大行,以成就有情,严净国土也。声闻道以无常为门:无常故苦,苦故无我,厌心切者,无我智生而离欲。于禅思中，达空寂理，得现法乐；视世间如怨毒，虽苦海之陷溺方深，曾不能起其同情之感，惟直入于无余。菩萨道从性空门入：解一切法无自性，如幻、如化；无常如幻，苦亦如幻。即如幻生死而寂灭，固大佳，其如苦海之有情，沦溺而未脱苦何？厌心薄而空见生，乃能动无缘之悲，发菩提之愿。菩萨得空之巧用，乃能行六度之行。成就有情，则令于佛法厚植善根，生正见，成正行。严净国土，则以三心行六度，摄一切同愿、同行之有情，共化世间为净土。成就世间善根者，和乐善生，得现生、未来之乐。成就解脱善根者，即事和而证一灭。此中期大乘者之说，后期真常论者则不然。体悟离戏论之心性，达真常本尔为菩萨之本因，曰"菩提心为因"。悟自他不二，起同体之悲，曰"大悲为根本"。大用无方，应机巧化，无事而非方便，而方便无不至究竟，曰"方便为究竟"。若以中期大乘而姑为融摄之，则以圣者之方便道，拟彼凡庸也。

即上诸端，菩萨心行之特色可见。然中道难能，贤者过之而愚者不及。立志于圆成佛果，人莫不有成佛之可能。然佛德弥高，弥感成佛之不易；佛德难思，幸佛力之无所不能。于是以成佛之大愿，愿佛之助我以成佛，狷者失之怯。或我愿成佛，我能成佛，我心能成佛，达于我心即是佛，狂者失之慢。或我即是佛，愿佛予我以助力，而我身实现成佛，极左者右，极右者左，交流杂错者失之诞。菩萨本悲心以行悲事，当矣！然不解无性缘起之离爱染，乃滥世俗之仁爱为慈悲，善行拘于人间，非即人成佛之道也。或不解无性缘起之秩然有次，褊急而求躐等，乃精勤禅定，求神通。不解无性缘起之和乐善生，有悲心而无方便，不能即此时、此土以成熟有情,严净国土,而唯能责之于未来、他方。以无所得为方便者,或有住性空之解,谓六度已行;纵染恶之狂行,谓方便解脱,则又比比然也。欲求大乘真精神者,舍中期大乘而谁欤!

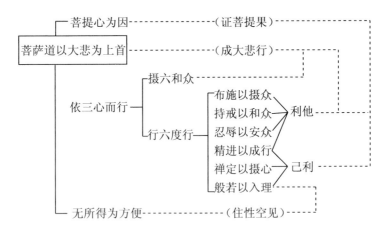

第四节　大乘初兴

大乘渊源于佛世。王舍结集之阿难,毗舍离结集之阿夷多,波吒利弗结集时之摩诃提婆,迦湿弥罗结集之胁尊者、世友、马鸣,凡此诸德,虽学派不同,而其向律重根本,法主兼济之大乘演进则一。佛世有弥勒其人,与友人偕来见佛,独发大菩提心,释尊记其未来作佛。时无独立之菩萨僧,弥勒发心受戒已,形同声闻比丘,"于声闻会中坐",但以"不断烦恼,不修禅定"为异。其在家菩萨,以后世所传而推之,如毗舍离城宝积、维摩诘等五百人,王舍城贤护等十六人。文殊、善财,似亦实有其人,惜其详不可知。于中应深切注意者,即初期流行之大乘经,舍利弗等声闻弟子虽犹参预其间,而实以教化在家菩萨为中心;直趣解脱之声闻,常见诘于在家之信众,被视为"负佛债者"。大乘思想之阐发,出家僧中,以大众及分别说者之功绩为多,然不久即思想弥漫于全印,为各派先觉者之所尊重。在家信众,不可磨灭之功绩尤多。佛教普及于大众,直趣解脱之甚深道,难为在家学者所惬意,而大乘思想日兴,此于初期大乘经之以在家菩萨为化机,甚或语侵声闻,即可想见其故。住持佛教者,仍为出家之比丘,而其中先觉者,尊重大乘为善巧方便,深入广化,属诸在家菩萨,而承认声闻能达究竟之解脱。隐大于小,小不障大,相资相助而大乘日兴。大乘教,虽大众者开其先道,然不久为各派先觉者所公认,故初期之大乘经已非纯为某一学系所集出,此不难考其思想而知之。大抵大众系之特色为圆融赅摄,分别说系为取精用宏,说一切有系为辨析精严。初期之大乘经,以前二系为多。圆摄则及于世学,取精则出入诸部而理长为宗。至若辨析精严之大乘,以后期者为多。佛教界经三百年之竞辨,思想渐分流为三大系,各派之短长、得失,以辩难而日明。当急求出世之声闻乘,不足以应付时机,而婆罗门再起,安达罗及希腊、月支文化激荡之秋,大乘学者取学派思想而取舍贯摄之,以求新适应,大乘经乃时时而出也。大乘学之于各派思想,虽不无出入抑扬,然大体为论,则学派思想之大综合也。

　　佛灭百年,佛弟子分东西二系:东以毗舍离,西以波咤利弗、摩偷罗为中心。迦王时,东系渐东南移其重心于央崛多罗,旧传其兼弘《般若》等大经。创多闻部之祀皮衣,亦弘法于此。西系之东与大众相呼应者,以波吒利弗为中心,成分别说系。流出之化地、法藏,并有大乘义;法藏则西化于阿槃提者。西系之西行者,则西北达于健陀罗及迦湿弥罗。大众系之大天,南化于摩醯沙漫陀罗,流出安达罗学派。据西藏所传,彼等有《般若》及余大乘经,而经文以印度之俗语记之。又如说假部主之南化摩诃刺陀,并后世大乘盛行之地也。迨中印排佛,分别说系多南行避之。四世纪,随安达罗王朝而中印佛教兴。经谓时弥勒下阎浮提,助佛教复兴云云,其与大乘之关系,盖可想见。说一切有系中,如譬喻尊者,于二、三世纪顷,创经量部于健陀罗,其后移居于竭槃陀,地当帕米尔高原之东境。察后世大乘佛教发达之区,如健陀罗,北上而乌仗那,入帕米尔而抵竭槃陀;东入今之新疆,如斫句迦、于阗,并为大乘之化区。譬喻者,实西北大乘之远缘;入竭槃陀,则又大乘东来之渐也。迦腻色迦王时(佛元六世纪上半),《般若经》已至北印,已有多量大乘经之成立无疑。考胁尊者之学风,好直要而厌繁琐,于法门推衍,辄以"理不应责,无明者愚,盲者堕坑"答之,与《发智》学者之精神相去何远!彼解《方广经》云:"此中般若,说名方广,事用大故。"其为说一切有中之大乘学者,与马鸣同。胁尊者尝南游中印,见佛教为外道所抑,未能畅行,乃论议以折外道。马鸣、世友之具有大乘倾向,为传记所公认。然则龙树未兴,大乘之势已弥漫全印矣。就此时、地之分布而观之,大乘教之根源地,不容责之于一隅。若以经中暗示者而解说之,则《般若经》(一分)可谓渊源于东方:如常啼菩萨求法之东行;大众见东方不动佛之国土;《般若》自东方而转自南方,南方渐至北方,后五百年而大盛。《华严》、《大集》,

并南印大众学者集出之；善财求法之南行，其确证也。余若《大悲经》《阿弥陀经》，明西方极乐，当为西方学者所集出。如能就经典之思想、环境、预言、传说而作透辟之解说，则亦可得其概略。惟吾人不能忽略者，即自编集至盛行，多有演绎、充实、修改之经过，未可一例拘也。

迦腻色迦王与西域大乘教之隆盛，有深切之关系。传说王有至友三人：智臣摩吒罗以治国，良医遮罗迦以调身，名德马鸣菩萨则为其思想之指导者、安慰者。马鸣之在当时，可谓一代名德矣！马鸣，中印人，本出家外道，其异名有黑、难伏、难伏黑、勇母儿、父儿、法善现等。彼通"吠陀"及"吠陀支"，于文学特长。归心佛教后，尝作《赖吒和罗伎》以化众，国人闻而兴无常之感，出家者足踵相接，国王乃下令停止此曲云。文学之感人深切如是，佛教有数之诗人也。其作品之译汉者，有《佛所行赞》、《百五十颂》、《赞佛颂》、《大庄严论》、《本生鬘论》，并以佛之"本生"、史传为题。彼于《大庄严论》序，归敬于富那及胁，于一切有部众、化地论师、牛王正道者，并皆敬顺。不拘一宗，具大乘之风度。

惟时大乘犹依傍于小宗，故马鸣及胁尊者，仍以一切有系之学者视之。胁尊者信《般若经》，马鸣菩萨则与西方净土有关。《大悲经》谓北天竺国，当有比丘名祁婆迦（马鸣之梵语），作大乘学，生西方极乐世界。马鸣本信仰之热诚，赞佛之"本生"、史迹，有往生他方佛土之信念，颇与其个性合。盖文艺者，富高洁之情感，发挥俯引俗流信愿之大乘，亦其宜也。马鸣之智见不详。《婆沙论》中，有名"大德"者，有名"法救"者，有名"大德法救善现者”。从来以大德及法救为一人，然大德法救善现，旧译但作“法善现”，梵语“达磨须菩吼底”，亦无“救”义。似大德法善现别有其人，与法救异。大德究何德、何人，竟使《发智》学者直称大德而不敢名？马鸣一名法善现，为迦腻色迦王所重之第一大德；疑大德乃法善现，即马鸣也。其思想于《婆沙》为有部之异师，与分别、譬喻者相近，学者详之①！

---

① 参阅《说一切有部为主的论书与论师之研究》：大德法救，如第六章第一节；胁尊者与马鸣，如第七章第二节第一、三项；鸠摩罗多，如第十一章第二节第一项。

第十二章　性空大乘之传弘

第一节　龙树师资事略

龙树菩萨出,大乘佛教乃入于新时代,释尊入灭以来,未之有也。

菩萨生南印之婆罗门家,天聪奇悟,事不再告,于吠陀等世间学艺,靡不练达。尝与契友三人,骋情极欲以为乐,潜入王家,秽乱宫廷。事觉,幸免于难,乃悟欲为苦本,厌离心生,诣佛塔出家受戒。九十日中,诵三藏尽达其意,更求余经,都无得处。于雪山深处一佛塔中,遇老比丘,授以大乘经,读而善之。历游诸国,与外道论议,咸皆折伏。遂自念言:适应世间,方便甚多,佛经虽妙,而推理犹未尽;未尽者推而说之,以此悟后学,于理不违,于事无失。乃怀革新佛教之志,拟离传统之声闻僧而别立。传说有龙王见而愍之,接入龙宫,授与无量方等深经。九十日中通练甚多,乃悟入无生忍,得经一箱而出云。菩萨初游化摩竭陀,后抵南印,化一承事外道之国王,得其敬信,大乘教乃盛行。娄传南憍萨罗国王(今之贝拉尔)娑多婆诃(引正),珍敬龙树,供卫甚厚。现存之龙树论中,有《教诫王颂》,以之寄禅陀迦王者,应即此人也。菩萨出世之年代,多异说,什公传其佛后五百三十年出,近之。什译《龙树传》,系闻之师说而录出者,时为佛元七百四十年。而传云"去世已来,始过百岁",则其入灭约为六百三十年顷。竺法护于六百七十年顷,已片断译出其《十住毗婆沙论》,论中多破"婆沙师"。今推定其生于五百年顷,灭于六百三十年顷,享百二三十之高寿。此与众传之誉其长寿,传其有大量之论典,无不合。菩萨之撰述甚多,以《中观论》、《智度论》、《十住毗婆沙论》为最著。《中观论》阐发缘起性空之深义,揭示生死解脱之根本,为三乘共由之门。《智论》释《般若经》之第二会,《十住》释《华严经》之"十地品",即以深见而畅发菩萨之大行。菩萨为南印学者,游北印雪山,出家受戒于说一切有,漫游全印,而弘化于南印之憍萨罗。于内外、大小无不达,故其教学之弘广,于大乘论师中允推独步①。时北印之《婆沙》初编,婆沙师执一切有而碍空,执小障大,专横不可一世。南印之方广学者,执一切空而坏缘起,执理而废事,说一切法如龟毛、兔角之常无。菩萨乃起而攻异端,畅中道,斥迦旃延尼子为非释子,其弟子辈为生死人。以方广者为邪空,信戒无基而取一空。息戏论之云雾,朗中道之秋月,大乘光芒万丈,安达罗王朝与有荣焉!菩萨尝约学派之见为三:毗昙门明有,空门说空,鞞勒门辨亦有亦无。于此三门,"不得般若,愚者谓为乖错,智者得般若波罗蜜,入三种法门无所碍"。是于说一切有、分别说、大众之三系,

---

① 参阅《空之探究》第四章之一。

使其于不违缘起性空之正见中,贯摄而条理之。汲方便之三流,而归于自宗之大乘空门。西北印之往生极乐行,虽斥其志性下劣,以当时风行,亦尝论及之。

自《中论》等出,法界雷动,智者欣受,愚者惊愕,大乘乃不复依傍小宗,卓然自立,宜后之言大乘者,咸仰菩萨为大祖也。藏传其弟子有弘如来藏法门者,有持明咒者,传说无征;惟提婆菩萨则确受持其法门而继踵弘传。提婆菩萨,师子国(锡兰)人,初于犊子部出家。尝不避万人之怒,抉大自在天神像之宝目,以明神之无灵;又自抉一目以报之,人因以迦那(一目)提婆称之。后来叩龙树之门,执弟子礼,精中观。游化于印度之窣禄勤那、钵逻那伽、摩伽陀,所至破外道,不遗余力。其著作以《四百论》为最著。其后,游化南印,广破外道。有一外道弟子,不忍其师之被破,乃乘间以利刃刺之曰:"汝以口破我师,何如我以刀破汝腹!"命未毕顷,犹愍此愚顽而善遣之。为法不惜身,无我不嗔敌,提婆菩萨有之。传说提婆弟子有罗睺罗跋陀罗者,亦曾释《中观》。再传弟子又有名龙树者,渐为唯心、密咒之弘传,传者因误以为龙树菩萨云。龙树菩萨师资之学,于佛元七百四十年,经莎车王子须利耶沙摩之介,以之授鸠摩罗什三藏而传来中国,弘布弥广。其在印度,则提婆以去,日见衰落,即《大智度论》等,亦佚失无闻矣!

龙树菩萨深达大乘之奥,了然于化世之方便,拟革新佛教,建立菩萨僧而未果行。事之所以不果,传说恍惚不明。寻龙树菩萨之学风,颇有不可以声闻僧拘之者。传龙树菩萨为化国王而易服七年,持幡奔走于王前。提婆菩萨易俗服,受募为国王卫士,而后得论议;华氏城外道跋扈,禁比丘出入,则易服入城而破之。释《中论》之青目,乃一婆罗门学者。鸠摩罗什三藏来中国,受姚兴之逼,为完成传译之大业,乃易服娶妻而别住官廨。菩萨道,盖不能以声闻拘也。龙树菩萨有创菩萨僧团之素志而未果,意论之,大乘初兴,声闻僧之力犹强;况成立大乘僧团,即人事以向佛道,非当时之政治可容。受龙王之化而止,其在此乎!菩萨乘内无摄僧之制,理同证而事不和;独往独来,仅能随机以适化。心愿普化有情,而忽于群众之组合。末流所趋,散漫而难以言和合僧,以视声闻僧之和合而绌于化世,反瞠乎其后矣!为政教所限而不果,大乘佛教未来之逆转,无有沉痛如此者!

第二节　性空论之前瞻

龙树出于六七世纪,大成性空论,而实性空不自龙树始。般若之流行北印,伪三藏出世,《婆沙论》已言之。其经之行世,早于龙树且三数百年。特大经之出处难详,佛史者乃多以龙树为言,实则未尽善也。性空论处学风丕变之会,前乎此者,杂多、厌苦、无我、事人、重行、契智;后乎此者,一味、妙乐、大我、尊天、唯心、达情。承先启后,厥为性空,学者不知此,无以见佛教流变之机也。

性空论以深见著,莫妙于即空即假之缘起中道,试为源而溯之。释尊化世,反吠陀而道平等,政力、智力、财力,一以行业为准,初无种族优劣之别。自非雅利安人勃兴于南北,平等之要求日吚,故曰:缘起无定性,实际理地,平等不二,何有于种族先天之优劣也。声闻道以遗世、独善为高,受学于先觉为尚,此非尽人所能及所愿也。故迦王薄薄拘罗之遗世独善,仅施以一钱。夫世之所求于佛教者,为其能利济群萌,非但为一、二急证解脱者而已。声闻僧持佛法而不畅释尊之本怀,不足以应世求,乃群起共责:声闻是"痴狗",是"败种",是"婢子"、"贱作"!缘起无自性,发菩提心,行菩萨道,则成佛耳,何事封局小心为?《般若》赞大以喻小,则曰法性空中,声闻不可得,菩萨亦不可得,但以假名说有三乘。《法华》回小以入大,则曰"诸佛两足尊,知法常无性,佛种从缘起,是故说一乘"。以性空而能缘起成佛,见性空即见佛,此分别论者之所以以"空为佛性"也。政教渴求平等,佛子乃自声闻之多元论,反求于释尊之本,即万事以达一理,而"诸法无我",乃应时而弘阐焉!声闻道以无常为门,己利为事,切感于人生之苦,急求有以解脱之。其苦行余习深厚者,竟以乞食、教化为多事,业尽命终为难忍,此心此行,难以言菩萨之道也。时众渴望于菩萨道,而声闻不能,奈何!行菩萨道者,必求其知苦不厌,以利他为己利;反求于释尊之本教,乃知唯性空能之。菩萨道,常无常性空如幻,苦乐如幻,一切一味相,齐染净、苦乐、人我、缚脱,即一切之自虚而等视之。知缘起之苦乐宛然而自性都空,以法持心,夷然而住;不以常乐而少拘物欲,不因无常苦而急怖生死,乃能在尘不染而化世也。此与声闻之舍染取净、厌苦求乐,其心行有天地之隔。"文殊师利本缘",曾于此深切言之。一切有情毕竟空,觅自他了不可得,非有己可利也。缘起假名,则一切有情相依相资,自"三火"、"六礼"而极论之,自过去以至未来,有"四恩"之说,他利即己利,有情病即菩萨病,忘己以为人,乃成菩萨之道。达性空则知苦不厌,解性空之缘起假名,则悯苦而悲生。辟菩萨之大道,而性空门乃恢恢乎其大矣!又自释尊息化以来,学派争鸣,说一切有称"根本",分别说称"上座",犊子称"牛王",大众称"大众",斤斤于优劣是非之间,无净之风,亦几乎息矣!葛藤络索,是何可厌!乃有扇大悲之风,炽般若之烈焰,一举而廓清之:一切法无自性,于毕竟空中戏论都息。戏论息,则了然于缘起之正,取精用宏,而无不当也。"十八及本二,皆从大乘出,无是亦无非,我说未来起。""虽有五部,不妨如来法界。"于如来正觉平等法界中,何部执之有!遣一切执而融摄之,非空不能,龙树论即深于此道者也。凡此政教平等之求,菩萨道知苦不厌、为他忘己之求,圣教无净和合之求,时代之机感也,应所求而满足之,性空大乘乃日张。

复有由本释尊之教,循论理之规律,而为思想应有之开发者在。释尊之为教,叙事以常识之实在:现在有,过、未亦有;色有,心亦有;有为之生死有,无为涅槃亦有。即事以显理性,则刹那生灭而诸行无常,蕴、界、处和合而诸法无我,苦不复生而涅槃寂静。即其教而直述之,则三世实有,无为实有,如说一切有系所说者近之。虽然,以之为常识之实在可,以之为理智之实在则不可。龙树责其"闻世谛谓是第一义谛",盖确论也。说一切有者,以色、心之和合相为世俗(假名)有,色、心之有特自体用而不可析者为胜义(实)有。此色极微及心心所法之实性,体恒住而用有生灭,刹那间正生正灭为现在,未有作用为未来,作用息名过去,体实恒有而无三世之异也。以是,前后为各别法用之假名相续,同时为各别法用之假名和合。舍假名而直谈实相,则世间为无限量之实在性也。相续、和合,法体之所无,即体起用,其能成立相续和合否? 说一切有者以为能,亦唯自信而已! 犊子系信三世实有而见其不能,乃立"四微和合有柱法,五阴和合有人法",即于和合相续中,别有一不即不离之统一性。有此,相续和合或可能,然求此统一者之实性,则不可得也! 三世实有者,以前后之法体为各别;然则如业用之息入过去,与现在之有情复何关涉? 于是立非色非心之"得"、"不失法"等,以之为联系。法无限,得亦无限,得复待得,此无限之实在更无限,愈论辩而愈繁愈难。其根本症结,在不见释尊立教之大本,以常识之实在为理智之实在也。佛元百年,大众、分别说系,有见于三世实有者之难,乃说"现在实有,过未无体";或说过去少分实有;或说现在亦分通假有。彼三世实有者,如珠珠之相累;唯现在实有者,则如明珠之旋转反侧,自空而下,似相续而实唯一珠。然此亦难知,诸行无常,刹那生而即灭,前者未灭则有能生无所生,已灭则有所生无能生,然犹因果不相及也。大众者说:"色根大种有转变。"化地者说:"色根大种有转变,心心所法亦有转变。"实法念念灭而立转变,则亦自信而已! 况过去曾有(熏),未来当有(种),在即生即灭之现有中,此"曾"、"当"之有,为实为假? 与现有一耶? 异耶? 凡此,虽出三世实有之火坑,又另入现在实有之深水矣!

　　大众、分别说、犊子,多于别别实法之和合相续中,立一统一性。此统一者,实则又一别法也,假则说一切有之旧说,不假不实又不得,可谓辞穷理绝者矣! 性空者之论法,彼等亦微知之,且间用以责他。然以为假名者可如所说，世间色、心之实性，不能不实在，不应以此相责。宁知实在之见，陷一切于不通耶！大众、分别说系之先觉者，乃进而即现在之实有而亦破之；不离现在有过、未，岂可有离过、未之现在也！缘起幻网，拘于常识之实在者，每困踬而难入，病在不知空即假名也。无性之假名者，五蕴和合为有情，求蕴与有情之自性，皆了不可得。然五蕴之假名，似一有情而不碍异，色、心无边，相用不可乱。有情亦假名，似五而不碍一，无离色之心及离心之色者（离则即非有情）。不一不异而一异宛然，唯性空之假名能之。三世相续，求刹那别法不可得，贯三世而常一者亦不可得。假名则不离过、未有现在，不离现在有过、未，虽不离亦不即。以是，因有则果有，幻相历劫而"不失"；因无则果无，"终归于磨灭"。不断不常而常断宛然，亦唯性空之假名能之。自三世实有而现在实有，过、未无实，进达于三世之性空无实。空之极亦有之极，三世幻有，我、法幻有，转与犊子、说一切有者近，特假有与实有为异，此非俗流所知矣。

佛以惑、业、苦之不生为无为涅槃，众苦永息，学佛者所归心也。佛以不生不灭为无为，学者乃以之为常恒、不变之实体。以慧力简择，证一一法之无为，而有漏有为不生。作此说者，以生死、涅槃为两橛，亦以涅槃为杂多也。迨譬喻者出，以有为为实，无为非实；如烧衣、无瓶，则衣、瓶之烧无耳，何可别计有烧衣、无瓶之实？以是，无为者，于生灭有为之不生，知其不生而已！作此说者，舍生死有为之真实，入涅槃无为之非实，颇难为学者谅也！性空者，举有为、无为而一切空之。惑、业、苦本空而因果相生，曰有为。正智生者，达诸法无性，不见有若生若灭者，"心行既断,言语亦灭,不生不灭,法如涅槃",曰无为。无为乃有为之性空,有为即无为之假名。"生死之实际,及与涅槃际,如是二际者,无毫厘差别。"岂可谓离有为而别得无为之一实?一切法性空即真如实性,无始来幻幻相生,幻幻生灭亦空也;无明灭者一切灭。假名相以说之,则舍妄倒入真实,与譬喻者异。性空者承初期佛教之学,洞知其症结而批判之。自常识之真实,导归于理智之真实(空),继无常论而代兴,俨然释尊本典之旧也!诸行无常偏于妄,涅槃寂静偏于真;性空者详诸法无我,中正赅摄,真俗宛然而一贯也。

第三节 性空唯名论述要

龙树菩萨之学纲,在二谛,在依俗谛得第一义,得第一义入涅槃。其言曰:"诸佛以二谛,为众生说法。若不依俗谛,不得第一义;不得第一义,则不得涅槃。"所谓二谛者,即缘起之中观也。《阿含》以"我说缘起"为宗,《般若经》以"观十二因缘如虚空不可尽,为菩萨不共中道妙观"。缘起即一切法,为"此有故彼有,此无故彼无"者。若假名相而辨说之,则缘起是"无自性",自性无故空,是"唯名唯假",唯假名则有。宛然有而毕竟空,毕竟空而宛然有,空有相成不相夺,即缘起之中道。故曰"因缘所生法,我说即是空,亦为是假名,亦是中道义"也。缘起者,不离因缘而有,而非自成。"不从生"之自成,曰自性。即自性而论之,自成者必为"非新有"之常在,"不待他"之独存。自成(实)、常在(常)、独存(一),以理智而观于缘起之存在,了无毫厘许可得。以"未曾有一法,不从因缘生,是故一切法,无不是空者"。缘起法无此"自性"之为空,非说因缘假有亦无也。常人之于世间,莫不多少有见于"从生"、"新作"、"待他";然自常识之所见,科哲以至神教之想像,又无不以世间之本质为真实、自成者,或常在、独存者,闻佛说真实自性空,则瞿然而惊,误以为一切都无也。本此见以相责,故曰"若一切皆空,应无生无灭"等。不知真实之自成,论理即不得不为常在与独存;自成、常在、独存,则世间因果生灭等,不复可能!龙树菩萨因之转以相责曰:"若不许空者,彼一切不成。"反之,唯其无真实之自性,乃依因待缘而得成;如幻如化,唯名唯假,无毫厘许自性,而因果染净无不成。"以有空义故,一切法得成。"此即缘起中道观之特色,非世间学者所能解。缘起法,性空假名不相碍,而常人以无智所蒙,见闻觉知之所及,辄计以为真实自性有。此常识之真实,曰俗谛。一切法非无,而真实自性实不有。非有而执以为实有,藉缘起之正见以彻破之,观一切法自性空。此理智之真实,曰第一义谛。释尊以常识之真实,显理智之性空,引凡入圣,安立二谛之本也。有情情滞于实有,佛教乃盛谈乎性空。解性空,则见性空之假名,圆见缘起之中道,岂执空而拨有哉[1]!

　　缘起法,空假无碍为中道,而要在明空,此所以《中论》以八不缘起为宗要也。常人以一切法为自性有,乖缘起则一切倒,论理则不成,修行则不得解脱,举此一切倒而空之、不之可也,八不特示其要耳!"不生亦不灭,不常亦不断,不一亦不异,不来亦

---

[1]　参阅《中观论颂讲记·悬论》三(一七——二七,本版———一八)。

不出(去)；能说是因缘(缘起)，善灭诸戏论。我稽首礼佛，诸说中第一！"八不灭一切戏论，一一"不"灭一切戏论，其义极深玄，姑为作一途之解。缘起唯名，新新生灭宛然而非自性有。何者？自性成则"不从生"；"诸法不自生，亦不从他生，不共，不无因，是故知无生"。不生则不灭，本自无生，今复何所灭？即自性而观于当念，则生灭不成。因力在则生命常在，因力尽则命根即断，缘起常断宛然唯假名，而自性不成。"若有自性者，非无故应常，若先有现无，是则应成断。"盖无自成之自性，则无"非新有"之常在。不常则不断，何实有可坏而使无？即自性而观于一生，则常(变)、断不成。前蕴灭而后蕴生，自作自受则一，前灭后生则异，缘起唯名而一异成。自性有则"若天人各异，则不应相续"；"若天即是人，则堕于常边"。无"不待他"之独存故不一；不一即不异，无独存之一，更何有敌对之别异耶？即自性而观于三世，则一、异不成。生死无所来而来入三界，涅槃无所至而去至寂灭。生死之来如幻化，涅槃之去如幻化，所谓"一切法如幻如化，涅槃亦如幻如化；若有一法过涅槃者，亦复如幻如化"。假名如幻则成，自性有则"已去无有去，未去亦无去，离已去、未去，去时亦无去"，无去则无来。即自性而观于始终，则来去不成。戏论无边，正观缘起之八不，则自性空而分别灭，分别灭而戏论息矣①？此八不之缘起中道，为三乘解脱所共由，而菩萨则不共。何者？于唯名之缘起流中，一切有情莫能正觉，昧无性假名而执以为自性之真实，曰无明。无明者，蒙昧之认识也。

---

① 参阅《中观今论》第六章。

于五蕴和合之有情，妄执为实，曰我见；于五蕴执实，曰法见。所缘之我法不同，而执为自性之真实则一。此常识中朴素之"自成"、"不变"、"独存"感，即十二缘起支之无明，迷妄之本，生死之根，一切有情所同然者也。基此根本之无明，经学者之分别，生众多枝末之戏论：于我见，计小我之灵魂，大我之天帝；于法见，计一一法之实色（物）、实心，或一切法之唯色、唯心。即此无明之妄见（触），触境生情而离合悲欢失其正（受）；妄情所系，生贪、嗔、邪见而发为纵我役物之行（爱、取）；意导行而事业成（有）；随善恶业而苦果生也。解脱之道，在反其道而行之。"业惑从分别，分别从戏论，戏论因空灭。"以空灭之者，破分别执而达于自性之本空；我无自性曰我空，法无自性曰法空，假名不同而性空则一。声闻直自我空入，我性空而法见不生。菩萨遍达一切法空，而反归于我空之门。达我、法空，则戏论息而生死永灭。龙树菩萨有见于缘起之空有无碍不落两边，尤有见于性空为中道之门，乃举缘起之八不以标宗，而以"瞿昙大圣主，怜悯说是法，悉断一切见，是故稽首礼"结之。

行菩萨道者，始自发心，终讫成佛，略为二道、五菩提。五菩提者：有情于生死中，从佛闻、弟子闻、经典闻，引生性空见、大悲心，确立圆成佛果之大愿，曰发心菩提。初发心者，或自信入，或自悲入，或自慧入，结归于三心圆具之大菩提愿。依斯大愿，动悲心而行六度、四摄行，集福智资粮，折伏粗烦恼垢，曰伏心菩提。以悲心悲事而大愿弥固，空解转深。空得悲而不舍有情，悲以空而不著戏论，方便成就，断烦恼，达一切毕竟空，入无生法忍，曰明心菩提。此三者，初发愿心，中成悲事，后证空寂，曰般若道。从凡入圣,以空慧为本也。(此下是圣人所行)即此明心菩提,正见法性即见佛,是真发菩提心者(前发菩提心是世俗发心)。得无生忍已,以大悲愿力为因,烦恼习为缘,得法性生身,以无所得为方便,随机应物,行六度、四摄之行。菩萨自利(脱生死)已具,此心此志,唯成熟有情与严净国土,无复他事。自生死中出,薄余习,到一切智中住,曰出到菩提。因圆果满,断余习而成佛,曰究竟菩提。此三者,初发心,次悲行,终圆证,曰方便道。从自脱以脱他,以即空之巧慧为本也。

　　于此二道五菩提而行菩萨道者,根性有利钝之异,此以创(注意!)发大心而分别之。或有信戒无基,福慧微劣而创发菩提心者,自空慧入,则厌离心切,堕声闻中;自悲心入,则败坏菩萨,成仁民爱物之行,堕凡夫中;自信门入,则神佛杂滥,堕外道中。如乘羊而为万里之行,鲜有不退失者。其有无量百千万亿中,若一若二住不退失者,初观无常等十五事而后入空,钝根也。或有曾集福智,善修信戒,心未纯净(卑怯自私,恋世之情犹深)而创发大心者,愿以正其志,悲以植其福,智以涤其滞,不急不缓,成中道之行。直自性空门入,历二僧祇劫而后得无生法忍(此中又有三品,此下品也)。此如乘马而行,久久而后至,中根也。或有无量生中积集无边福智,从不见佛闻法,而究穷事理类大慧,仁爱及物近大悲,求达至善若大愿。今生利根,悲熟,得善知识,创发菩提心,即直悟无生而趣佛道。于中复三品:或入无生忍,或得忍而即成严土,熟情之行,或得忍而直入究竟菩提。如乘神通(日月通,声闻通,佛通)而行,瞬息即至,利根也。论曰:"无常为空初门","空为无生初门","无生助佛道门"。随根性之利钝,而初入观门之不同如此。夫上根,百千万亿不得一,生而知之,不可以力求。其有不甘堕外道、凡夫、声闻中者,则中根犹可勉学而行之!行之道,从性空见、悲济行、菩提愿之相资不偏中求。

第十三章　笈多王朝之佛教

第一节　王朝之盛衰与佛教

乘南北朝之衰,中印民族得徐徐恢复其势力。佛元七百零八年,有旃陀罗笈多者,出孔雀王朝名臣之裔,创立笈多朝,都阿逾陀。子沙母陀罗嗣立,统一五印,一时国力充实,文事大启,上追孔雀王朝之盛也。初,印度之语言文字随方各异,动辄彼此不相通。佛世前后,有耶斯卡、巴尔尼等,据《吠陀》、《梵书》、《奥义书》之语法而整理之,成文法精密之梵文。释尊化世,务求平易近人,"听随国音读诵,但不得违失佛意"。故佛弟子之语文不一,四大派以四种语。安达罗学派以南印之俗语集经;摩哂陀南化于锡兰者,于佛元三百零一年,无畏波陀伽摩尼王集僧于大寺,审订三藏,闻即以巴利语出之。盖时梵文虽兴,犹未遍行于全印,如彼迦王之刻文,亦即随地而稍异也。自中印毁佛,婆罗门教再起,虽政治之角逐卒告失败,受制于异族者凡二百余年,而从事文化之新生则颇有所成。西北印,婆罗门文化发祥之地也,佛教传布于此者,多以梵文写经,亦事理之当然者。迦腻色迦王时,北印流行之大乘经,说一切有部之经论,即以梵文写之。马鸣之诗篇及《三启无常经》,即梵文文学之杰作也。笈多王朝与梵文学偕兴,史家称之为古典时代,或印度之文艺复兴。如彼诃利陀沙之史诗、戏剧,虽千载以下,读之犹令人向往。雕刻、建筑,亦多崇高、圆熟之作。以梵文之兴,梵我论之神学、"数论"、"胜论"、"正理"、"瑜伽"诸学派,亦日见隆盛。佛教于此时,如唯心论之确立,因明之大成,则亦特放异彩者也。

龙树、提婆弘大乘,虽北盛于西域,南行于南印,然外、小交胁,犹未能大通。无著、世亲,学出说一切有譬喻论者,承"性空论"之衰,唱"虚妄唯识论"。事则现在幻有,理则真实常在,与龙树学异。无著、世亲自犍陀罗来,以国都之阿逾陀为中心,沿西海岸南下,与南印学者接。如世亲及门上首之安慧,南印罗罗国人;陈那多住摩诃剌陀,作因明于安达罗;德慧游化于伐腊毗,此西系之唯识论也。时东方之摩竭陀,于佛元八百年顷,法显、智猛,目击华氏城之佛教,赖婆罗门大乘学者而住持。智曰:"遇大智婆罗门罗阅宗。"显曰:"有一大乘婆罗门子,名罗汰和婆迷,赖此一人,弘宣佛法。师名文殊师利,国内大德沙门,诸大乘比丘,皆宗仰也。"大乘《大般涅槃经》,即于此得之。东出滨海之耽摩栗底,法事甚盛;放海南下,师子国亦大乘、上座二流并畅。考其时来华传译真常心论者,如昙无谶,中印人,持《大涅槃》、《大集》、《金光明》、《地持》等经来;求那跋陀罗亦中印人,与求那跋摩,经师子国来,出《胜鬘》、《楞伽》等经。传说现存之《楞伽经》,即那烂陀寺之残本。于蕴、处、界中不即不离而有真常之觉性,乃"真常唯心论"之特征,其学盖以大众、分别说之心性本净,融犊子系不即不离蕴之真我成之。摩竭陀本上座分别说之化区;南印之大众学,沿东海岸北来;流行于雪山、恒河间之犊子系(华氏城北毗舍离,东之伊烂拏钵代伐多;迦毗罗卫、舍卫、波罗奈、鞞索迦、劫比他,以玄奘所见,并弘犊子系之正量部),南下而交流于此。摩竭陀(故都所在)之"真常唯心论",西与阿逾陀并峙。东系存大众、分别说之旧,编集者不以名闻;西系则富说一切有系之精神,乃推思想之传承于弥勒而论视之。"虚妄唯识论",以无著、世亲之弘阐,一时大盛,东行于摩竭陀,那烂陀寺之争论以起。那烂陀寺,奘传铄迦罗阿迭多(帝日)王始功,迄戒日王,凡历六帝,七百年。藏传无著、世亲,并于此弘通。然汉传无东下之说,法显、智猛亦未尝言及;那烂陀寺之蔚为中印最高学府,实世亲以后事也。建寺之六帝,戒日而外,笈多及伐弹那王朝,均无其人。考玄奘留印之时,戒日王中印,而摩竭陀别有王统,"今王祖胤继接无忧,王即戒日王之婿矣"。其父满胄王,尝建鞬罗释迦寺,作大铜佛像,与戒日王并世而早卒。盖摩竭陀虽受命于笈多朝,而王统犹未绝也。那烂陀寺之修建,应即摩竭陀诸王之功,而今莫可详考矣。地本佛世之庵摩罗园,六帝相承,广事修建,约始于笈多王朝之世。

匈奴族,被逐于漠北,远走中亚,西侵欧洲;东则于佛元八百五十三年顷,掠北印,占犍陀罗。时笈多王塞建陀在位,悉力御之,始得遏其南下,然笈多朝自此衰矣。八百七十三年,那罗新哈笈多(奘传作婆罗阿迭多,即幻日)立,匈奴复大掠,占北印。其酋多拉马拉,立匈奴王国,势力日强。八百九十八年,匈奴王密希拉古拉立,逞其劫掠民族之特性,北印佛教乃陷入法难之厄运。《付法藏》之师子比丘,于罽宾大作佛事,为弥罗掘所杀,法统乃绝。《西域记》摩醯逻矩罗(大族)毁灭佛法,并即此事也。匈奴之铁骑,南下大掠,那罗新哈出走,避之于海岛,计破密希拉古拉而生获之。笈多王朝宜可以复兴矣,惜那罗新哈纵密氏归,而己亦旋卒(九百二十八年)。不数年,密氏重占北印,毁佛更甚。五印各族,咸据地自为,笈多王朝乃亡[①]。

第二节　小乘学之余辉

自十八部分流,声闻极一时之盛。尔后,或衰竭,或融合,或回入大乘;加以经、律既定,思想以辨而愈明,成三系、四派,末宗乃渐无闻焉。说一切有系,初为《发智》、《心论》、譬喻之分。次以《大毗婆沙论》之编集,内为自宗别系之相拒,外为大乘性空之所掊击,相摩相荡,思想又有新启发,终乃导出"虚妄唯识论"也。犍陀罗《心论》系之法救,于七世纪作《杂心论》,沟通《婆沙》、《心论》,申一切有之本宗。经部师初从说一切有系中出,立三世恒尔之"一味蕴"、作用起灭之"根边蕴",说"异生位中亦有圣法",此则以三世恒尔之染净法体,为不离现在作用而存在者。迨鸠摩罗陀出,立说渐备。虽一反有部之旧,说过未无体;无有中有;随眠异缠;无色界有色,无心定有心;与大众、分别说近。然立论大本,缘起是有为,化有部之体用为种现;和合相续,仍有部假名说之旧,则犹不妨其为说一切有系也。譬喻者之精义,为种子。业力感果,其说明颇难。前生之业力,刹那即灭,何由能感后果?过去非实有,则业力必潜存于现在无疑。乃自种子生果之事例,悟入业种(如生果之能力)不离所依(心心所法)而潜流,依心心所之相续演变(如根芽之相续),种业增长成熟而感果(如结果)。其说于《婆沙》犹隐而未详,龙树《中观论》则叙而破之。种子说之确立,约为《婆沙》、《中论》间。自《婆沙》出,一切有之分化弥甚,譬喻者融有部诸异师,其说乃大昌。世亲同时先德,有室利逻多(执胜,《顺正理论》呼之为上座),于阿逾陀国著《经部毗婆沙》,以《顺正理论》所叙者观之,则大反《发智》者也。经部譬喻学者,立种子义大同,而于种力不离之所依,其解说间异。室利逻多师资,仍譬喻者之旧,立灭定有心,乃以心心所(六识)相续为受熏及所依。先轨范师,用有部旧义,灭定无心,乃立六处(色心)为所依。一分经为量者,于六识外,别立一集起心,为受熏及所依,则经量回入大乘之学者也①。经部既盛,说一切有之本宗,为之摇摇欲坠,乃有世亲作《俱舍论》以救之。世亲,犍陀罗人,于说一切有部出家,精说一切有三系之学,乃取精用宏而为之折中成《俱舍论》。论承《阿毗昙心论》及《杂心论》之统,虽以《婆沙》为己所宗,而不事盲从。其组织次第,同《杂心》而少为改作,颂文仍《杂心》之旧者,亦十之四五,此可勘而知之。然《俱舍》意取经部之善说,则非复《杂心》之旧矣!《俱舍论》于"阿毗达磨",不信其为佛说,视为"传说",破《发智》学者偏执师承之固陋;于经部之过、未无体,种子

---

① 参阅《说一切有部为主的论书与论师之研究》第十一章第一节至第四节。

熏生，不相应行无实，多所引述。每藉论议往复，以彰有部旧义之有待修正。于辩论不决时，每以"经部不违理故，婆沙我所宗故"，不了了之，其明宗《婆沙》，意存经部之善说，盖明甚也。然《俱舍》所尊信之经部师，乃先轨范师，不取上座师资，此可于种子之六处受熏，解缘起、缘生之别而知之。先轨范师，乃经部而折中有部之学者也。以是，《俱舍》论主之在当时，实《杂心》系之先觉者，非全舍《心论》及《发智》之说以从经部也。流通颂云："迦湿弥罗义理成，我多依彼释对法，少有贬量我为失，判法正理在牟尼。"盖确论也。迦湿弥罗有众贤者，悟入之弟子，青年英俊，颇不以《俱舍》之明宗暗抑为然。乃竭十二年之心力，以其人之道治之，为《俱舍论》作释，名《俱舍雹》，亦曰《顺正理论》。于世亲犹疑取舍处，一一翻破，讥世亲之未善《婆沙》，兼斥时行之经部。又约《顺正理论》之正义，成《显宗论》。《婆沙》大义，自有所难，必欲一一为释，反堕于失宗之讥。如以有法能碍解非择灭，出《婆沙》正义外，后人乃以新萨婆多称之。众贤曾挟论南下，求与世亲面论，世亲闻而避之。众贤至秣底补罗，病卒，乃不果。旧传世亲潜入迦湿弥罗，从悟入受《婆沙论》；次还犍陀罗，讲《婆沙》，日摄其要义为一颂，乃至以金请释云云；又谓众贤死时，遗书世亲忏谢，乃为易名《顺正理》云云，并出唯识学者之传说，不足置信，此不暇广辨也①。时悟入曾作《五事毗婆沙论》；私淑众贤之无垢友，世亲弟子德光，作《辨真论》等百部，弘一切有义；安慧则致力于《俱舍》。然回小入大之

---

① 参阅《说一切有部为主的论书与论师之研究》第十三章。

势成,大乘阿毗达磨兴,而西北印之小乘自此衰矣(匈奴之掠,亦其一因)。

倾向经部而反《发智》、《婆沙》者,复有诃梨跋摩(师子铠)。诃氏中印婆罗门子,善数论,出提婆、世亲间。初学说一切有之《发智》,恨其支离;乃东游华氏城,从大众系学者游,作《成实论》,力辟说一切有。多用经部说,而亦不拘所宗。引数论义以入佛,乃谓四微和合为四大,四微实而四大假,特异于诸家之说。《成实》以灭三心为灭谛,初灭假名心,则我空(柱等假名亦空)也;次灭法心,即法空;次灭空心,则空相亦遣。三乘同见一灭谛而得道,灭三心以契真,真非即无性之谓。盖一经部学者,融大众、分别说之空义成之;于大乘性空,则犹有所滞也①。

大众、分别说、犊子诸宗,以记载不详,苦无可论。唯觉音之南游师子国(锡兰),则确予海南佛教以深大之影响者也。摩哂陀南化,开上座分别说之铜镍一宗,国王建眉伽精舍以处之,即后之大寺也。佛元三百年顷,无畏波伽摩王信心转深,乃建无畏山寺。因之,新旧对立为二部:"一曰摩诃毗卢住部,斥大乘,习小乘;一曰阿跋那祇厘住部,学兼二乘。"无畏山寺之建,疑有名德自大陆来者,以大陆流行声闻兼大之佛教传入师子国,乃引起纷诤,惟事无可征,阙疑而已。铜镍学者传说:此时无畏王集五百众于大寺,审定三藏,以巴利语写经,乃归于一致云。铜镍者拒外来之新义,乃记录巴利语为经以固己宗,事或有之。然无畏

----

① 参阅《说一切有部为主的论书与论师之研究》第十一章第五节。

山寺乃无畏王所立,学兼二乘,发扬如故,初不以巴利语之录集
而稍衰。提婆自锡兰来;法显于其地得化地律等;译"真常唯心
论"者,如求那跋摩、求那跋陀罗,均游化于此;玄奘于达罗毗荼
国,遇自师子国来之觉自在云等三百余僧,从之问大乘瑜伽义;
唐永徽年来华之那提三藏,特精中观,曾于师子国搜集经论梵本
五百余筴。是知师子国之佛教,不但铜鍱一派,中观、瑜伽,即秘
密教亦曾畅行其地。摩竭陀有"摩诃提婆(大天)僧伽蓝,其先
师子国王之所建,多执师子国僧"。玄奘留印之世,摩竭陀为大
乘中心,师子国僧游化其间,何有不弘通大乘于故乡之理? 考玄
奘目击之大陆佛教,大众系似少衰;摩竭陀、羯饯伽、跋禄羯呫
婆、苏剌陀,及传闻之师子国,并大乘与上座(分别说)兼行。师
子国之无畏山寺派,即此;其上座分别说与铜鍱近,而会归及不
碍大乘则异。今日海南佛教之同宗铜鍱部,乃由复古思想之反
流而成,非初即尔也。觉音本中印学者,精识三藏,有感于大陆
佛教之未尽,乃承师命而南游锡兰。时佛元八百年顷,法显西游
时,或曾一见之。觉音留学锡兰,精巴利语(佛世方言之一),乃
作《清净道论》,并以巴利语注释圣典,大为时众所重。时大陆
佛教,为梵文复兴之气势所使,初期之方言佛教,演变日多,不特
将会归大乘,且有流露佛梵融合之倾向。觉音殆有感于此,乃南
游于巴利语盛行之锡兰欤! 以其语为佛世之摩竭陀语,以其学
为上座分别说之根本,虽有乖事实,而发扬保存方言佛教之一,
与梵文相格拒,则颇予海南佛教以新机运也。觉音以后,师子国
仍有大乘流行。其为巴利语佛教所统一,远及缅、暹,或疑有一
大力国王以统一之,吾以为不然。大乘佛教之末流,情胜于智,

辨过于行,华饰而不实,惟恃不断之创新立异以图存。迨大陆佛教衰,思想失其创新之源,即流于滞碍消沉。铜鍱者本初期佛教之精神,平实朴质,加以巴利语之助,乃逐渐得势耳。此如中国佛教,一失传译上不断之创新,台、贤、唯识,莫不陷于没落;平实朴质之禅宗,乃得独盛。此虽兴衰之原因不简单如此,要亦可为例证也。台、贤于中国之思想界,关涉颇深,而文字尤国化,乃得渐次复兴,则亦犹巴利语之于锡兰也。彼辨饰而无行,繁琐而不要,文字思想不能融化者,纵有大力者之助,恐亦难以久存欤!(本无文化之民族,例外。)

第三节 因明之大成

因明,胚胎于辩论术,其始不可得详。昔奥义书时代,学者竞留意于穷理达本之学,论风渐炽。击鼓以求是非,其优胜者,国王且从而优礼之。《圣德格耶奥义书》有辩论法之名;以究理著名之"胜论"及"尼夜耶"(正理)派,并兴起于此时。以辩论法为学而研探之,谓其始于此时,亦无不可也。初于斯学深研者,属诸外学之"尼夜耶派",传说创始者名足目云。迦腻色迦王侍医遮罗迦,其著述旁及论法之典则;马鸣《大庄严论》,有五分作法之名。"尼夜耶派"之于此时,已颇有进展,或已影响佛教矣!彼派之《正理经》,立量等十六句义,约成形于佛元六七世纪顷。龙树作《回诤论》《精研经》,力斥其义,然亦病其执有自性,非世谛假名无是非邪正之谓也。有《方便心论》者,传龙树作,开论法为八,析过类为二十,以譬喻为首;虽开合有异,次第顺《正理经》见边以下诸句。盖佛教之论法，初固有取于正理派，略事剪裁，以备显正破邪之用。《方便心论》所谓"如为修治庵婆罗果，而外广植荆棘之林。今我造论，亦复如是，欲护正法"是也。真谛译《如实论·反质难品》，旧传世亲作，陈那力辨其非，此佛家因明之古说也。笈多朝文化复兴，百家竞进，非雅善论术，几无以自存。佛弟子乃深研论法，卓然成家，名之曰因明；于此特多功绩者，则瑜伽学者也。

尼夜耶派之重视论法，意在深知事理之真以得解脱，故以量为初。量者，正确之知识也。正知因四事得：现见所得者曰现量，依现见而推比得者曰比量，引譬类而例证得者曰譬喻量，依圣典圣说而得者曰声量（即圣教量）。以此四而得正知；正知（量）之所依，即是因也。《方便心论》以知四量为"知因"，以此。然印度论法，初意本在悟他，即研求论议之轨式，俾得依之以判是非、晓未悟。故论法中，不单为论理之是非，即论场、评证者、语言之巧拙、诡辩，咸在论求之列。昔世亲之师，即以言辞不次而被判为堕负。吹求于形式，颇涉漫衍之弊！迨无著传《瑜伽论》，始创因明之名，释为"于观察义中诸所有事"，（《显扬》即作论议，《集论》作论轨），则犹辩论法也。论以自性、差别二者为所成立；以立宗，明因，引喻，同类，异类，现量，比量，至教量八者为能成立。世亲于此学，传有《论轨》、《论式》、《论心》之作，惜乎无传。窥基以《论轨》"说能立有三：一宗、二因、三喻"，则化五支之繁冗为三支论法，世亲实启其绪。佛元九世纪顷，南印有陈那（大域龙）者，亲及世亲之门，于因明特深研寻。其著述之有关因明者，凡八论，以《因明正理门论》、《集量论》为著。

《门论》明"立破真实"，详正确之论式；《量论》则"释成量义"，详正确之知识。一重悟他，一重自悟，二论相资发明，未可轻重其间也。陈那于论式，以立敌共净之宗支为所成立，以共许之因、喻为能立。因具三相，固"已善成宗法"，惟因支特详"遍是宗法性"，故于"同品定有性"、"异品遍无性"之二相，举同喻、异喻，自正反两方证成之。喻即因之一分，因明乃名符其实。此与古学之以譬喻为首，迥乎异矣！于《量论》，不取声量，不仅所量唯自相、共相之二，亦以各守宗承为是，难以见事理之臧否也！其于立、破，现、比，辨析精严，可谓斯学之泰斗矣！其弟子有天主，著《因明入正理门论》。有自在军，亦善此学。佛元十一世纪，南印鸠陀摩尼国有法称者，从自在军受《集量论》，反复研寻，深见陈那之意，乃作《正理一滴》等七支论以释之。又使弟子帝释慧为释，凡三易稿而后当意。法称于因明，间有废立，如以喻为非支，宗过无不极成等，盖受耆那教因明之影响也。

佛教自因明大盛，学风为之一变，造论、讲学，无不奉以为规矩。后期佛教论理之多细密，实受其赐。昔之视论法为外学者，今则"佛法当于因明处求"。抉择事理，起信、生解，在在有赖于因明，因明乃成入佛之要学也。后期之性空论者，清辨、月称辈，且以之而立说有异。唯识学者，以不立教量，唯理为宗，故陈那以后，流出"随理行"之唯识。因明本于论法，虽量论重自悟，然为之者多用以申自摧他。知以因喻证成己之所立，求得敌者之信解；于创发新知，即依已知以推所未知，则其用殊鲜。今之西藏，抵掌雄谈，犹有五印之风，而陈陈相因，于文化亦未见所益。

即就论法而言,胜军二十年立一量,玄奘以为有过;清辨立"真性有为空"量,唐人竞出过难,而十异八九;玄奘立真唯识量,或为之出决定相违:立量之不易又如是。重论式而论式不易,宜斯学在中国之晦也!

第十四章　虚妄唯识论

第一节　无著师资事略

无著以弥勒为师,世亲为弟子,创开唯识一宗,于瓦玉杂糅之后期佛教中,精严明净,胜余宗多矣!无著兄弟三人,北印犍陀罗之富娄沙富罗(今之白沙瓦)人,无著其长兄也。真谛传其初于萨婆多部(或云化地)出家,修小乘空观,久而无征,欲自杀,宾头罗来教之,乃得悟入。然"意犹未安,谓理不应止尔",乃上升兜率,问弥勒大乘空义,思惟得入,因此名无著云。藏传则谓初修弥勒法十二年,竟无所得。心生厌离,去而之他。后以割肉饲虫因缘,感弥勒现身,因偕往兜率,为说大乘云。无著初曾思惟空义,不惬于时行之空观;经长期之闻思,得弥勒之学,乃别传唯识无境之空观,则其学历之大概也。无著之学,传自弥勒。或言上升兜率而问之;或言请弥勒下降阿逾陀国瑜遮那讲堂,于四月中诵出《十七地经》(即《瑜伽·本地分》)。然亲见弥勒者,唯无著一人,编集《十七地论》而初传其学,亦即无著其人。然则无著之师弥勒,不亦可疑乎!弥勒,族姓之一,印人多

以姓为名,不必即兜率之弥勒也。姚秦之世,有印人来华,誉罗
什三藏为蔑帝利以来第一人;蔑帝利即弥勒也。道安传有弥妒
路刀(尸)利,与弥勒、众护、婆须密,并称四大士。《萨婆多部记
目录》,三十五祖提婆,四十二祖摩帝丽,四十四祖婆修盘头(即
世亲)。《传灯录》之旁系,十祖有"摩帝隶披罗"其人,十二祖即
世亲。提婆以后,世亲以前,说一切有系确有一代名德名弥勒
者。无著集其学以传,乃误传为兜率之弥勒菩萨耳①!无著、世
亲似有意作此说,如以九华山之新罗僧地藏为地藏菩萨也。无
著所传之弥勒论凡五:一、《瑜伽十七地论》,自昙无谶创译《地
持经》,至玄奘译《瑜伽论》,凡经二百余年,并以此为弥勒说;
《地持经》且明记为弥勒。藏传以此为无著作,后期之误说,不
可信也。或可《摄抉择分》以下出无著作。二、《分别中边论》。
三、《分别瑜伽论》(藏传无此,有《分别法法性论》)。四、《庄严
大乘经论》。五、《金刚般若经论》。藏传无《金刚论》,别有《现
观庄严论》,此后世伪托,下当别详之。无著于晚年造大乘论颇
多,其确立大乘唯识者,以《摄大乘论》为主;学贯三乘,以阿毗
达磨体裁集出之者,则莫如《集论》也。

　　承无著之学而光大之,即其弟世亲。初亦于说一切有部出
家,精学小乘,作《俱舍论》,已如前述之。世亲之中年,承《杂
心》之法统,拟采经部之长,以修正《婆沙》之偏失,观其用先轨
范师之色心持种,不取上座师资之心心所持种,盖嫌其有唯识之
倾向也。尝作论以诽谤大乘,固将以说一切有之进步学者自终

---

　　①　参阅《说一切有部为主的论书与论师之研究》第十二章第三节第二项。

矣！后受兄无著之感化，乃回入大乘。无著殁后，弘化于阿逾陀国者，凡二十五年，国王及母后并申归敬云。其著述繁多，称千部论师。小乘以《俱舍论》为著；大乘则《庄严论释》、《摄大乘释》、《十地论》等，莫不精义入神。暮年，约唯识学之要，作《唯识三十论》，其影响于唯识学者尤多。菩提流支译《净土论》，传出世亲手，一反唯识学之旧，可疑。无著幼弟比邻持跋婆（奘译作师子觉），亦于说一切有出家，尝为《集论》作释云。

　　无著师资出世之年代，传说不一。考昙无谶于佛元八百年顷，创译弥勒论。八百九十五年，菩提流支来华，创译世亲论。尝作《金刚仙论》，叙其传承，自弥勒、无障碍、无著、天亲、金刚仙，"以至于今，始二百年许"，则弥勒约出七百年顷。二十三祖师子，于九百年顷被杀，世亲为二十祖，前于师子，当不出百年左右也。今假定弥勒生年为（佛元）六百五十至七百三十，无著为六百九十至七百七十，世亲为七百十至八百年，似无所违难也。或者，以什公译婆薮之《百论释》，及传为什译之《天亲传》，推定世亲应提早一百年，此所谓知前而不知后也。玄奘亲承之戒贤，生于九百十三年；其师护法，传享年不永；护法师陈那，即世亲门人。又玄奘亲见九十老叟之密多斯那，即德光弟子，德光即世亲门人。玄奘从胜军学，胜军曾从安慧学因明，安慧又世亲弟子。世亲至玄奘，不过三传四传耳，决不能有三百余年之隔也。然则无著、世亲弘阐大法之时，适笈多朝之盛世，约自沙母陀罗笈多末年，经旃陀罗二世，至鸠摩罗笈多之立，亦即法显西游，什公东来之前后。旧传世亲之时，阿逾陀国王为毗柯罗摩阿迭多（正勤日,奘译超日),及其子婆罗秩底耶(新日,奘译幻日)。《西域记》以为室罗伐悉底国王(舍卫),然与弘法阿逾陀不合。寻笈多王朝,无与此二王同名者,疑甚。或可一王而有异名,如戒日(尸罗迭多)之本名曷利沙伐弹那也[1]。

第二节　瑜伽师与禅者

无著学本于《瑜伽论》。巧修止观而有所契入者,曰瑜伽师;瑜伽师所依住,曰瑜伽师地。安世高所译僧伽罗刹之《修行经》、《大道地经》,觉贤所译之《修行方便》(又作修行地),并梵语瑜伽师地之别译。以是,瑜伽师与禅师,一也。佛世旧有经师、律师、禅师之别;说一切有系,则特深于禅。佛元三世纪,或专宗契经而探其宗要;或守师说而推衍分别;或专精禅观而证以内心之实验(瑜伽师);说一切有系之学乃稍稍异其趣,然于禅学,并传习不废。瑜伽师以五识皆从意识无间生,以定自在色为无表色等,皆本其经验以立说。以瑜伽师为名而立异义者,初见于《婆沙》;逮世亲之世,则多所引述矣。从禅出教,本瑜伽师说,抉择而组织之者,则弥勒其人;萨婆多之学者也。近人论此者,多偏执。闻说一切有,即拘于《发智》、《婆沙》,不知乃三系之一。闻说一切有系,即意谓唯小乘。不知佛灭千年,印度无大乘僧团,大乘学者于小乘僧中出家受戒,小不必障大,大亦现声闻身,弘大乘学。说一切有系之先觉者,如童受、世友、众护、胁、

① 参阅《世亲的年代》(《佛教史地考论》三二九——三四二,本版二一六——二二四)。

马鸣、龙树、弥勒、无著、世亲，并说一切有部出家，多作大乘学，非迦旃延尼子辈比也。其学风之精禅观，多论典相同，而思想间异者，则以出入三系者异也。龙树畅大乘空义，然"分别说诸法"，多存"毗昙"之旧，于世友论特多推重；斥《发智》、《婆沙》，于经部义亦间用之。无著师资则于世俗如幻有中，舍三世有而取经部之现在有；存"毗昙"之旧者亦多，并大乘学。说一切有之先觉者，列于说一切有之祖庭，无不可也。瑜伽师出一切有，而流为瑜伽唯识之学者，以专精禅思，久则心力增强，生理变化，引起几多超人之境界、神力（五通之类），虽不解性空，事同外道，无关于生死之解脱，而事则确乎有之。说一切有系之瑜伽师，本其"境随心转"之自觉，及种种因缘，日倾向于唯心。如《深密经》之"我说识所缘，唯识所现"；《阿毗达磨大乘经》之"成就三种胜智随转妙智"；《摄论》引"诸瑜伽师于一物"等，凡据以证实唯识者，胥出于瑜伽者自觉之证验。然自无著而后，从禅出教，演为名相分别之学，一反瑜伽者急于止观体验之风矣！

　　禅教之学，在印度流为瑜伽学；传来中国，则成禅宗。汉末，安世高传僧护之禅。罗什三藏传童受、世友、僧护、沤波堀、僧伽斯那、胁、马鸣之禅。觉贤及沮渠安阳候，传佛陀斯那（即佛大先）之禅。此学有二源：一、罽宾之富若密多罗、富若罗，佛陀斯那之渐入。二、达摩多罗（疑即《杂心论》主），传婆罗，又传与佛陀斯那之顿入。佛陀斯那总贯二流，而以渐入为主[1]。菩提达磨，则《宝林传》谓其曾从觉贤修学云。禅者昧于史实，或依《付

---

　　① 参阅《说一切有部为主的论书与论师之研究》第八章第三节第一项，第十二章第二节第一项。

法藏传》而唱二十八祖说,则以师子尊者入灭于曹魏之世,乃以达磨为其四传弟子。不知师子之见杀于弥掘罗,时佛元九百年顷(梁天监年中),正达磨来华之日也。《付法藏传》之二十三祖,并说一切有而与大乘有关。其中如迦叶(佛大先所传,除迦叶)、阿难,并禀世尊;末田地与舍那婆斯,同出于阿难之门;富那、胁,并马鸣所师;婆薮盘头与摩奴罗(如意论师),奘传则如意为世亲之师,陈传为世亲之友,此则以为弟子:俱不必有师承之关系。盖取说一切有系之一代名德,蔚为时宗者,先后编次之而已。视为师资授受,陋矣!初五百年,至马鸣之世,凡十一世;至九百年顷,三百年间凡十二世;平均每人持法四十年,禅者多长寿也。或有据《萨婆多师资传》而唱五十余祖说。自佛灭至马鸣,亦得十一世(迦腻色迦王当汉顺帝顷);马鸣至提婆,二百年间,凡二十四世;马鸣至什公之师盘头达多,三百年间,竟达三十七世。其杂取后期禅匠以入之,浮滥难信,远胜于《付法藏传》。近人犹有为五十余祖张目者,殊可异也。自迦叶下及师子尊者之法统,西藏亦有此说。彼传无著升兜率见弥勒,弥勒为说般若法门,乃传出《现观庄严论》,此即大法之已中断者。其昧于史实与禅者同,岂知师子尊者未灭,无著师资之论典已大行中国矣!因瑜伽师与禅师而顺论及此,为妄执传承者告。

第三节　唯心论成立之经过

解说生生不已之存在,凡二大流:犊子及说一切有系,于蕴、界、处之和合中立补特伽罗;以缘起、缘生为因果义;立三世有。

大众及分别说系,于心、心所之相续中立补特伽罗;以缘起、缘生
为理事义;立现在有。说一切有系取舍此两大流而深入之,倾向
于大众、分别说,乃有真心、妄心二唯心论也。由来学者多以
"虚妄唯心论"为唯识,"真常唯心论"为唯心,实则"三界唯心"
即"万法唯识",唯心与唯识,一也。释尊之明缘起中道,"识缘
名色,名色缘识",心、色不一不异之和合,固未尝以为唯心也。
然生生不已,实以情识为主、为导。"意为前行","心尊、心使",
"心王","识种":学者本此尊心、由心之圣典而过论之,乃入于
唯心之门。为烦恼之研讨者,大众、分别说者,说"心性本净,无
始来为客尘所染,而有不净"。此尘染,为间断烦恼,亦为相续
之"俱生我执";不但为起烦恼,且为烦恼之潜能(随眠);其微细
者,且为声闻所不断(习气)。譬喻者虽不取尘染熏染净心说,
于随眠及俱生我执,则悉取用之。此中即有二义:一、净心受染
说,二、染心恒有说。为业力之研讨者,譬喻者自业力熏习,发为
种子说,此固大众、分别说者"曾有"、"业集"之义也。业力由熏
习而存在生果,随眠亦尔,余一切法又如何? 推大众部"摄识"
之意,则一一并新熏而存在生果。据上座系化地部之"穷生死
蕴"、说转部之"一味蕴"而论之,则一切法种本有,由业力之熏
发,现缘之引生,如水之滋种而生芽也。此则具二义:一、本具之
熏发,二、新有之熏成。种子之所依,固不必与心有关,然依"心
能集起"、"识种"之圣说,乃自六识为受熏所依,达于六识外之
细心受熏,成一切种识说。为苦果之研讨者,吾人之根身,如何
能寿极百年而不坏? 经说"识缘名色",以心之执受也。六识不
遍执,不恒执,大众末计乃说"心遍于身",有细心执受说。一期

生命之开始终了,上座末计之铜鍱部,立意识细分之"有分识";本计立"生死等位,别有一类微细意识",与粗意识得并生,即立七心,成生死细心说。六识常间断,如何得断已复生?大众部立"根本识,如树依根";意界是常论者,说"六识虽生灭而意界常住",意界即识根,以是有"现在意界"说。凡此种种,莫不根源于释尊之本教,自不同之问题,初由大众、分别说系大成细心说,次由譬喻者大成种习说,综合而成唯识思想之一端①。大体论之,承大众、分别说系之正宗,以真常之觉性为本,详于惑障之熏染而建立唯心者,为"真常唯心论";承譬喻者之说,以生灭之虚妄分别心为本,详于熏种感果而建立者,为"虚妄唯识论"也。

　　且自虚妄唯识之境空义说之。犊子系之正量部,心识能直取外境。一切有部等,以心识之缘外境,有境相于心识中现,名曰行相。其总名、总相,虽无当于外境之实在,然见其为青、为白,尝其为苦为辛,则确契合外境之真实相也。譬喻者起而说"境不成实","十二处皆假",意谓随心情而苦乐异,随业感而水火别,随凡圣而染净殊;吾人所知之境相,能知心识之假相而已!然"假必依实",一一法从种子生之十八界性,为超认识之实在,

　　①　参阅《唯识学探源》下编,第二、三章。

固未尝无也。种子熏依在内心，及其生起境界，离心而有别体，盖大近唯识而未是。《瑜伽·本地分》之辨真实，于心所行及依言自性之底里，确立离言自性为胜义有。此胜义有者，即一切法，未尝以为即心为体，则犹经部之旧也。观其引声闻藏之《转有经》《义品》《散他经》以证可知。龙树以缘起为观，求实性了不可得，故胜义一切空，世俗假名有。无著师资承经部之学，虽亦以生灭缘起为观，而不出"假必依实"之见，故不以一切空为然。其立论云："要有色等诸法实有唯事（离言自性），方可得有色等诸法假说所表，非无唯事而有色等假说所表。若唯其义（心所取境），无有实事，既无依处，假亦应无。"则其说空、说假，迥异于性空大乘矣！此依言自性（义），不离心识名相之假立，空之可也。此离言实性之"实有唯事"，何事而能证知其为唯识，以识为体乎？若种依六处，如先轨范师说，则固无成立唯识之可能。然诸法种子，以心识为所依、所熏，不一亦不得异。此识中种子所生"实有唯事"之诸法，虽有十八界之别，要亦不能异。以是因缘所生法，即"虚妄分别识为自体"，此则推理而知之。若拘于识因外色（如入欢喜园而欢喜，入粗涩园而忿恨）、根身（如随根之明昧，识有变异）而变异，以"枯树有种种界而随观不同"，则固难以成立唯识。然今则"诸瑜伽师于一物，种种胜解各不同，种种所见皆得成，故知所取皆唯识"，此则实验而得之。舍一切空而以离言实性为不空，进而以此离言实性即心心所为体，唯识无境之学，于是乎成矣①。

---

①　参阅《唯识学探源》下篇，第四章。

第四节　虚妄唯识论述要

"虚妄唯识论",源于《瑜伽》之《本地分》,《中边》发其端,经《庄严》至无著之《摄大乘论》而大成。以一切种子识为本,种子识变现之唯识也(用种识不一不异之不异义)。唯识学又反流于《瑜伽》,成《摄抉择分》,至世亲之《唯识三十论》而大成。以三类分别识为本,分别识变现之唯识也(用种识不一不异之不一义)。此二流,立义多异,而实相资发明。且依《摄论》述其要:一切有情,无始来有"心、意、识"三者,虽义可互通,而各有其特胜。了别境界者,曰"识"。依根而了别六尘,故别之为眼识、耳识、鼻识、舌识、身识、意识六者,而实唯一意识性,依意而生而杂染,依意之识名意识也。为彼识所依止者,曰"意"。过去无间灭识,为后念意识之生起所依者,曰"等无间"之无间灭意。现在与我见、慢、爱、痴相应,执阿赖耶识为自我,为彼俱时了境识之杂染所依者,曰"思量"之染污意(唯识学特重思量意)。意及识之所熏集而依之转起者,曰"心"。"种种法熏习种子之所积集",彼意及识,因之而转起。心、意、识三者中,识为一般之认识,意为蒙昧之我执,心为生起万有之识能也。唯识学以种子心为所知(之)依,集一切法之熏习,起一切法之现行;如彼库藏,入者入于此,出者出于此,故名为阿赖耶识。阿赖耶,意译为"藏",依处之义也。辨一切种子阿赖耶识,以三相:直论阿赖耶识之自体,一味如流,固难以差别形容之。然以一切杂染法之时时生起,知一味识有能生之种子性,此能生识种,为杂染法之生起因,曰因相,亦曰一切种子。以识流之相续而生,知有无始来之熏习;受熏种识依杂染法熏习而起,曰果相,亦曰异熟识。即此异熟、一切种识,为阿赖耶识自相。"摄持种子识为自相";"功能差别为自性";"摄持种子者,功能差别也"。"依一切杂染品法所有熏习,为彼生因",即阿赖耶识之自体也。种即心之能,心乃种之集,赖耶以种子识为自性。然则种习即赖耶识乎?不可说离赖耶有别体,亦不可说一。何者? 种习一味和集之心流,曰阿赖耶;一一法之功能差别性,曰种习。如比丘之于和合僧然,僧即比丘之和合,而比丘有来者、去者,和合僧如故,不可说一,非谓种体异识体也。唯识学立一切种子识为本者,以其为杂染法之所摄藏。一切从此生,则赖耶为因性;一切熏于此,则赖耶为果性。赖耶为果者,种习和集之心流,相续不断故"坚住";一味不明了故"无记";种习和集故"可熏";杂染法起,必与种识俱,故"与能熏相应"。必如是而后成所熏,故唯赖耶为所熏也。种子心依杂染法而俱生俱灭,引起能生彼杂染法之因性。依熏染而有彼因性,即名之曰熏习。熏习有无限之差别,略摄则为三:无始来虚妄分别之转(现起)识,依名计义,依义计名,名义相应,而取所分别之境相,心思、口议,熏成"名言熏习"(即遍计自性种,或名相分别戏论习气),此摄一切熏习尽;余二则就其特胜而立之。染污意,内取一切种之心流,恃我、著我,熏成"我见熏习"。了别境识之善、恶性者,熏成"有支熏习"。以杂染法(转识)之熏习,赖耶相续生中起三熏习,则阿赖耶识为果相也。其有支熏习,新熏于识中,为爱、取之所熏润,视其善、恶之别,感发一切种子心中一类自体熏习展转成熟,生后有之异熟自体。业感自体熏习而异时成熟,于相续生中,为一期异熟之生能,则赖耶为果相之异熟识也。赖耶为因者,"阿赖耶识为种子",有"虚妄分别所摄诸识"生。种即识之能,识能所起之一切法,即以识为性。一切法者,《中边》约为似根识、似尘识(所)、似我识、似了识(能)四者。《庄严》约为所取三光之句(器界)、义(境相)、身(根),能取三光之意、受(五识)、分别(意识)——六光。《摄论》则类为十一识。盖唯识学之初创,乃总摄世间现有之一切为数类,以此并从种子识生,故一切唯识,此立本于种识变现之唯识也。十一识者,以赖耶之有支熏习为种,故现起苦乐果报,死此生彼之差别相,曰"善趣恶趣死生识"。以赖耶之我见熏习为种,故现起根身、资具,为我我所摄取之差别相,曰"自他差别识"。以赖耶之名言熏习为种,故现起余九识。以生死相续,有时间相之"世识"。以往来彼此,有器界相之"处识"。以有情无量,有数量相之"数识"。以有情之互相表示,有语言文字之"言说识"。此四及前二,皆依名言熏习所生之自体而假立,非别有实事也。实有之唯识事,不出十八界性,摄为五识:从名言熏习为种,现起眼等五根,曰"身识"。现起染污意为根身所依,曰"身者识"。现起无间灭意,为能受用六识之所依,曰"受者识"。此三,六根也。现起色、声、香、味、触、法六尘,为彼彼根识之受用了别,曰"彼所受识"。现起依彼根而了别境之六识,曰"彼能受识"。身、身者等五识为自体,余六识为差别,凡此悉从赖耶种子生,则赖耶为因相也。然种生现行,何以成其为唯识乎?此当求之于分别识变。世间之现起者,有分别识与所分别义(境)相二类,此常识所知也。所分别义相,似离于心行名言,然离心行名言相,吾人不能有所知;所分别非他,分别心之影现而已! 吾人所以觉有所分别之义相离心而存在者,则以分别心于一切法中,名义相应,分别计度而生,熏成名言熏习;从此名言种生时,即自然而现似分别、所分别相。所分别非义而义相现,吾人乃为其所欺耳! 以分别现似所分别,知一切法唯识,分别识变之唯识也。以即识之分别、所分别熏种,种亦识也;识种生现,现亦识也。即此种子识变为因变,分别识变为果变,以之组成唯识学,则阿赖耶识为"义(因)识",曰根本分别。自赖耶生者,彼能受之"意识识"。受者、身者之"所依止"意,现似分别者,曰"见识"。余色等一切识,现似所分别者,曰"相识"。此见、相二者,亦曰"显相分别"、"缘相分别",或"非色识"、"色识"也。心为种识,意及识从名言种生,似分别、所分别二相现,为现识。直约八识论之,则阿赖耶心为种识,意及识为转识也。以是种现、因果、熏变之说成,而生死杂染之迷界,生生不已而存在矣①!

　　立本于分别识变之唯识,与种变说略异,此应上溯于《瑜伽》。《瑜伽·本地分》,初不明唯识。其说识以现行为本,自现行而达于种子心。先明五识;次摄余为一意,分别之,则了别境者为(意)识,无间灭及恒行意为意,一切种子阿赖耶识为心。五识以赖耶心为种子依,五根为俱有依。于意则但曰"彼所依者,种子依,谓一切种子阿赖耶识"。为唯了境识有种子依,为恒行意及心亦有之欤? 又何不说俱有依耶? 推《瑜伽论》主之

---

　　①　参阅《摄大乘论讲记》(一八〇——一八四、二一九——二二八,本版一一九——一二一,一四五——一五〇)。

意,则实唯一意,以其了境(或间断)为识,具一切种子为心,固
未可机械分析之也。《瑜伽论》主采现行识论而触发种子心,
《摄论》主即据种子心而立唯识学。即识之种为心,转起者为意
及识。意识以恒行意为俱有依,恒行意以赖耶为种子;阿赖耶识
为种子,更不论种子及俱有依,但依转识之熏习而起耳。《摄
论》初成之唯识,乃自种子心以达现行识,与《本地分》之说明
异。《摄抉择》与《三十唯识论》大成分别识变,即依《摄论》心、
意、识之唯识学,综合于《本地分》之现行识论。以是,于意及识
之转识外,别有持种受熏之现行阿赖耶识;恒行意与赖耶俱转,
乃亦有俱有依矣。言唯识变,则明三类分别识变,于种子识变分
别、所分别,其义渐疏。言现识,则《本地分》、《摄论》唯七识,
《抉择分》别立八识也。

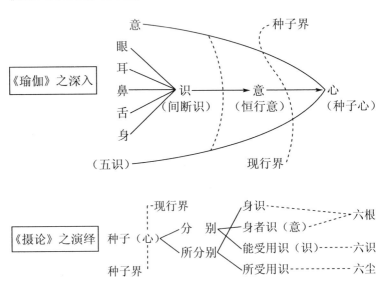

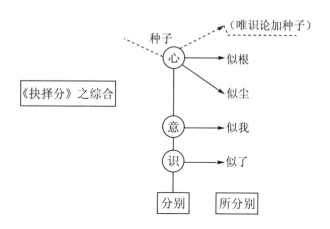

自生死杂染向解脱,应知有三相焉。依他赖耶种子为因而生者,以虚妄分别为自性者(十一识),曰"依他起相"。依他起即如幻之缘生法,不出惑、业、苦三杂染,灭之乃得解脱,不可以为都无也。虽一切唯识,然无始来戏论名言所熏生,故不期然而有分别、所分别相。于唯有分别中,似有义相于心上现;此所取之义相,曰"遍计执相"。义相实无,唯是遍计心之所遍计耳!缘生妄心有,所取似义无;义相无实故空,非妄识亦可空,"有心无境",唯识学之根本定义也。于唯有识中,似义相永无有性,曰"圆成实相"。此即真实性,虽本来清净常尔,而以无义相所显,曰空性,非即是空也。此空有、妄真之辨,不但以明唯识无境之理,于所分别而观其义相之无实,即解脱之要道也。然此"从有相、有见,应知彼三相",偏依分别识变,未明种识变,于清净涅槃之解脱,犹有待也。何者? 依他是杂染事,遍计是杂染因,圆成是寂灭性;然则缚、脱既失其连系,出世圣道亦非三相可摄!无著论于生死杂染之解脱,以转识为杂染,以种识为杂染种习所和集,了无真心论之痕迹;盖真常不变,难以明生死流转之事也。

然于转染为净之解脱事,则立"杂染清净性不成"之依他起,立"四清净法"之圆成实,与真常论相接。种识,以遍计所执熏,积集一切戏论种,识种和融不二,种生灭而识亦生灭,此杂染种识为杂染依,生唯识为性之依他起,自然而义相现。以能所遍计,成杂染分之生死事,流转无已。然种识虽判然杂染,而所以生灭杂染,在遍计执之熏习也。设离遍计执熏,则染依种识转为清净法界矣。以染熏、净熏之不同,成虚妄性(识)之阿赖耶识,真实性(智)之法身,为染净法之所依。染净有差别,而阿赖耶之真实(心性),不异法身之真实也。染熏而觉性成生灭杂染之阿赖耶识,依种识而一切唯识现。赖耶立名,偏在杂染,此则成生死也。然杂染识非一成不变者,若闻、思净熏,初虽犹为虚妄性所隔,久则直与真实性相融,成不生灭清净之法身。法身究竟,即大圆镜智,依种智而一切唯智,亦一切圆成实矣。立"杂染清净性不成"之依他起,则以此真实觉性,无始来随染而染,修行则随净而净也。详言之,学者闻正法界等流之圣教,成"闻熏习",为出世心种。此闻熏习寄存于染种和集之阿赖耶中,而其性能则适为杂染种识之对治,力能发净智以现证法界,故名曰"法身种子","是法身解脱身摄"。然未与法身相融,犹是世间事也。依闻熏而起如理作意,初观遍计性之义相无实,次则境无故识亦不成,进观此依他起之似识相亦非有。以闻熏之久熏,染种之功力日减,净能渐增,地前之菩萨,名"损力益能转"。转即减彼种即妄识之染力,益此种顺法身之净能。迨闻熏融真,遍计、依他俱遣,则有出世无分别智现前,现证法界,成无漏智种。尔时无分别智生,则真实性(无义一分)显现;分别心生,则遍计性之义相又现。然以通达法界实性，转去二障粗垢，得种即法身一味之净依，为无漏法所依。初地以上，名"通达转"。转得之净法身，系清净不变之圆成实性，依之而现起者亦圆成实性。七地至十地，念念现证真实性，遍计相不复显现，曰"修习转"。时杂染种识中，微细障习犹存，亦即清净智种之净依未圆。迨因圆果满，杂染之一切种识失其存在，唯是清净真实之法身显现，亦即净依究竟，佛果名"果圆满转"。以所依之染、净不成，离遍计熏最清净圆成实，故所起之正教、正行皆圆成实，亦可名为依他起之清净分也。

转依者，离遍计相，舍染依之染种、染现（识），显现最清净之实性，曰无住涅槃，即断德。契真实性，得净依之净种、净现（智），圆满究竟之实智，曰无上菩提，即智德。一言其寂灭，一言其圆明，不一不异之差别说也。智德者，昔之杂染为唯识，今之清净则唯智。心本净性（法界），与净熏融然一味，为净法之所依，犹杂染之有赖耶种识也。此即转阿赖耶识为大圆镜智，自在明彻，摄持一切而不失，为诸智之所依，一切法于中影现。常恒、不变、清净、圆满，盖即觉之净能也。依圆镜常智而起者，转恒行意之我我所执，为无分别之平等性智，达自他不二，悲深智极。染意从种识生，而实指即种之妄识（意），所谓"末那即阿陀那"也。此平等性智亦尔，悲智圆证之实觉，具一切净能而融入实性。镜智取即觉之净能，此则取即能之净觉。现证无上菩提，即此。转意识之遍计度为妙观察智，通达自相、共相一切无碍，自在应机说法。转前五识之取五尘为成所作智，作种种变化利生之业。此实翻染成净之谈，无漏融通，固不可作隔别之见。证此断德、智德者，即佛；总智、断为体，无别佛也。摄末归本而论，唯一法身，以法身"由圆镜、平等、观察、成所作智自在，由转识蕴依故"。若就所见而本、末别论，则安立三身：为凡夫、小乘所见者，现八相成道，名变化身。为地上菩萨所见者，于净土中说大乘法，名受用身。此二皆依法身为依止。法身亦名自性身，此二不同者，法身详觉之实性，为佛功德所依；而法身即自性身，则摄"一切法自在转"，为受用、变化"所依止"，详实性之觉也。此二即转阿赖耶种识与恒行意成之。《摄论》、《庄严》，立义大同。彼以八识为现行者，则安立三身、四智，多有不同矣！

第五节　真常、一乘与唯心

后期佛教有三特征，即真常、一乘与唯心。以此格量"虚妄唯识论"，则无疑为后期佛教也。"真常"者，中期判二教，以性空为了义，为胜义；后期则判三教，以一切空为不了义，别有不空之真常。如《涅槃经》无眩翳所见之染月，见圆净之明月；"不但见空"其所无，"并见不空"之妙有，妙有即恒常不变、清净、自在之实体。"虚妄唯识"者，自《瑜伽》、《深密》，以至《成唯识》，一贯之见解，以一切空为不了，如言取义为恶空；遣遍计所执性，故说无自性空，非依他、圆成亦无。然其说特斤斤于依他起不空，不直明真常之圆成实不空，而寄依他不空以显之，故或称之为以用显体。如以依、圆为事理，如《成唯识论》所说，则仅为说一切有"我及我所无，有为、无为为有"之修正。如以依他为虚妄杂染，圆成为真实清净（含如、智），则以虚妄识之实有唯事，因遍计义相空，显真实净智之实性。初则以妄用显真体，现证法界已，则转而为即真体以起妙用矣。体用备明之圆成实性，以身则法身、自性身，以智则镜智、平等智，常恒而妙用无方。律之以"真常论"，无不皆宜，宜《庄严》、《摄论》之明身、智，以法界为本，与真常者之坚慧论同。彼以妄心不空而显真智不空，可谓外虚妄无常而内真常，立说至巧，而终不掩其时代之色彩也。

后期佛教，以一切有情有如来性，无不成佛，故一乘是真实说，三乘乃方便教，与中期大乘之大小并畅异。"虚妄唯识论"者，独以一乘为方便，三乘为究竟，近于中期，殊可异也。实则"虚妄唯识"者，出现于后期之初，承说一切有之绪，适化于小乘隆盛之区。论理所至，虽《法华经》等已高唱一乘，然以一乘为究竟，难以求适应，乃多少含容言之。然小乘圣者可回心，唯入无余者则否，是亦不追既往已耳！中期之三乘究竟，同学般若，同观法空，同入无余；菩萨以大行、断习气为异。"虚妄唯识论"则不然，《瑜伽》、《集论》，犹三乘并明；《庄严》、《摄论》以下之唯识学，则独阐大乘。大乘者，胜乘也，即异小之乘。阿赖耶为分别自性缘起，以之建立流转还灭；以分别识为依他起，似义相为遍计，法空所显性为圆成实；唯识无义为观门；如来不究竟入涅槃：教、理、行、果一切异，盖亦不共大乘也。彼之三乘如实，藉资适应或思想未彻而已。论其所弘，则亦一佛乘也，此与详妄有不空而结归真常之妙有，有异曲同工之妙！

以唯心为旨归，明甚！详大乘佛教之倾向于唯心，非论理所必至，而实为事实之所逼。瑜伽者重定，定，心学也。禅者之风，专于禅观、内省，少为事实环境之考察，一落窠臼，宜其尔也。大众、分别说、经部等,于三业特重意业,于三学重慧。久之,于戒律日感其拘束,不见其妙用,非墨守陈规,即一切随宜。夫绘事后素,非不当理,然自他共处,何能无法则?衣食所资,岂漫无所制?随方异宜则可,漠视律制之原则则不可。又岂能以一二独拔之士,离群苦行之机,而忽律制乎?然化地部"正道唯五";譬喻者以"止观为道谛","三业唯一思"。一反于释尊之正道,重视身、口七支之正语,正业,如法(经济)生活之正命。经部依经不依律,以为事局而理通。轻戒者辄以"毗奈耶"重在内心之调柔,而不知律以"摄僧"、"令僧安乐"、"未生诸漏令不生"等为用也。大乘者承此学风,特轻制度,有道德之训条,无六和摄僧之制。大乘以悲济入世为心,当机多在家弟子,修行重四摄、六度。然形格势禁,未能创立菩萨僧团,仅能发挥其随机适应。徒善不足以为政,则唯日趋于唯心之救济而已。思想之演进,将不止理论之唯心已也!虽然,于后期佛教之瓦玉杂糅中,无著师资之学,究难能可贵也。薄他力,而以愿生极乐为"别时意趣";渐行非顿入;神秘、淫乐之道,不欲以之置唇齿;思想亦严密。且以初自说一切有中出,于律制犹重,虽不为真常者所满,性空者所重,而实有足多焉!

第十五章 真常唯心论

第一节 思想之渊源及成立

"真常唯心论",乃真常心与真常空之糅合,自真常心来,非即真常心也。佛辟外道之常、我,以"诸行无常,诸法无我"说缘起。然刹那灭与无自性,或有本常、我之旧见,而见其难以成立缘起者,尤以在家佛弟子,信业果轮回而罕闻无常、无我之解脱道者为甚。佛教普及大众而大乘兴,在家佛学者辈出而常、我论起,亦自然之势也。

常、我论之根据,内本所见而外依佛说。佛说阿罗汉离欲,不复有变悔热恼之情,或者化之为"无烦无热,常住不变",则有类凡心变异而圣心常住清凉矣。佛说心、意、识"须臾转变,异生异灭",而长夜为施、戒所熏,则生善处。或者先明色身之"是灭尽之法,离欲之法",次说"彼心意识常,为信所熏,因此缘此,自然升上",则有似色身无常而心常矣。"是心长夜为贪嗔痴所污",或即本之以立"心性本净,客尘所染",则心净本然而尘染外铄矣。其解说之尤离奇者,如经以心之异生异灭,缘此缘彼,如猕猴之取一枝,舍一枝,乃曰:"猕猴!猕猴!勿谓如故!"此训以无常也。或者释为"勿谓如故,以即故也"。央掘摩追佛不及,呼曰:"住!住!"佛答以"我住汝不住","我常住大悲";《央掘摩罗经》即演此"我常住"为"真我常住",而痛斥无常为外道。

真常心之渊源极早,而是否吻合佛意,实有可研究者。真常心之初意,即于六识之心心相续中,想见其内在之不变常净。后分为七心,或以意界为常而六识生灭;或立根本识而六识从之生,则真常净心,自应为意界及根本识矣。此真常心,即轮回之主体,缚脱之连系,乃渐与真我论合。佛说"本生",辄说"彼时某某者,即我身是"。"自作自受",佛亦曾说之。犊子系乃起而说不可说我,说转部立胜义我。此依五蕴设施,彼真心唯依心立,然于"真常唯心论"中,不复有分别焉!

现在实有,无为实有(或五法藏)中,真常心(我)仅其一类。虽以之为缚脱主体,初非总持、一体而说唯也。大众、分别说者以缘起为无为,亦仅缘生法之必然理则,非即此理则以成事。说出世部之出世法真实;说假部之道不可坏,佛寿无边。充其量,仅为出世之真常论,而非"真常唯心论"。

真常心而进为"真常唯心论",实有赖性空大乘之启发。性空者之一切皆空,不自无为常住来。佛说缘起,常识见其为实在,以理智而观察之,探其究竟之真实(胜义),则知非三世实有,非现在实有,非无为实有,非出世道实有。一切如幻,唯是因缘和合之存在,观待之假名。一切无实性,乃曰"胜义谛中,一切皆空"。此无自性空,不如自性之诳惑,曰诸法实相。自性本来无,非观之使无,故曰常。不如自性有之染相,以或者怖畏空教,乃曰一切清净(龙树说)。一切空即一切真实、常、净,然即一切如幻假名,非"真常论"者所见"非幻不灭"之真常也。真常者见"性空论"之"非"、"不"、"无",容或想像为同于梵我论之"曰非、曰非",视为万有实体之真常,然非性空者之意也。以一切空之启发,真常心乃一变。真常净者,一切一味相,于一法通达即一切通达;以是而诸法实相之常净,与心性之真常净合。常净之心,一跃而为万有之实体矣。了了明觉之心性,昔之为客尘所染者,业集所熏者,成生死而与净心别体;今则客尘业集之熏染净心,幻现虚妄生死,而净心则为一切之实体(不一不异)。至此,真常心乃可以说"唯心"。

"真常唯心论"之兴,与笈多王朝之梵文学复兴有关。质言之,梵我论本立梵与无明(幻力)二者,视为无始之存在。释尊破梵我之实性,取缘生之无明业感说。自缘生无常而达性空无我,离欲入涅槃,即为生生不已存在者之解脱,所谓"灭者即是不可量,破坏因缘及名相"也。如以此寂灭不生为真常妙乐之存在,使与无明业感说合,则与梵我论之区别,亦有所难矣。法显见华氏城之佛教,赖婆罗门学者而住;玄奘西游,从长寿婆罗门、某婆罗门、胜军学。处梵我论大成之世,而大乘学渐入于婆罗门学者之手,求其不佛梵综合,讵可得乎!

以真常心建立唯心论,莫急于杂染、清净之因。为客尘所染之客尘,大众、分别说者,初以"随眠"释之。大乘学兴,烦恼气分为彼罗汉所不断之"习气",演化为大乘不共断之所知障。此所知障名曰"无明住地"(即习地),为隐覆净心之客尘,与经量者之熏习说合流。心性本净，即清净之因。常住真心中本具之净能，无始来不离生死之蕴、界、处而流，特未尝显发而已。此与非即离蕴之我、性空者之性空糅合，成如来性，如《最胜天王般若经》云："如来法性，在有情类蕴、界、处中，从无始来展转相续，烦恼不染，本性清净。……说名无相，非所作法，无生无灭。"此"如来法性"，即"如来藏"、"圆觉"、"常住真心"、"佛性"，以及"菩提心"、"大涅槃"、"法身"、"空性"，真常论者并视为一事，为一切有情所本具，诸佛如来所圆显者也。

或有本真常论了义之见，以为马鸣著《起信论》，广赞佛德，开"真常唯心论"，遥与佛陀之本怀相合。龙树、无著出，各就一门而分别空、有。此以不知真常心与"真常唯心论"之别；不知真常心之所以"唯"，有待于性空之"一切"，乃有此说。今明二义，以证其不可。一、凡性空大乘经，但开二教，以空为了义。"真常唯心论"之经论则判三教，以空为不了，以此真常心为我见者(外)、因缘者(小)、空见者(指空宗)所不解。二、如来藏、佛性之说，性空大乘经所不明。不特《楞伽》等后出，即《般若经》等混入之藏心见，亦属后起。无著等以破十种分别释《般若经》，有"实有菩萨，不见有菩萨"文。实有菩萨，以圆成实为菩萨体解之，此即大我之说。检什译《般若》及龙树所依本，旧译诸经，并无之。如上所引之《最胜天王经》文，旧译《胜天王》中无，似异而实同之《宝雨》、《宝云经》，亦无此文。华严"一切众生皆有如来智慧德相"，不见于《十地》。《无上依经》异译极多，而真谛译独广谈如来界。《大般涅槃经》，即《大毗婆沙论》文，亦连篇糅集其中。"真常唯心论"讵可视为先于性空大乘经、先于龙树论乎！

第二节　真常唯心论述要

"真常唯心论"之经典颇多，《如来藏》、《法鼓》（即《法华》之真常化）、《大涅槃》、《胜鬘》、《不增不减》、《无上依》、《楞伽》、《密严》、《楞严》、《圆觉》等，其显而易见者。杂入一分者尤多，后期之密典，十九皆属之（有直谈真常者，每与性空经混）。

以部类之杂多，立义亦间异。"真常唯心论"，以真常净为一切之本体，而立相对之二元：一、清净真心，二、杂染妄习。真常净乃一切之实体，一切依之而成立。本来常净，究何事而为杂染所染乎？为杂染所染而实不变其净性，似有二元矣。此杂染与清净，"不相摄，相离"；自有情迷乱而生死边，多立此无始来相对之二元。然达本情空，知妄即常，实无所舍而一切常净，则无不归结于绝对之一实。《圆觉经》为之踌躇，此非论理之可明也，岂特难解而已！一元之实在论，无不于此失据。真常大乘者说：此唯"成就甚深法智，或有随顺法智"者所信解，余则唯可"仰推如来"而信仰之。以是，"性清净心，难可了知；彼心为烦恼染，亦难了知"。汝才举心，尘劳先起，如之何能知之？"此非因明者之境界"也。真常者以此"妙有"为杂染、清净之依止者，盖以刹那无常为断灭，无性从缘为不可能也。如瓶破不作瓶事，又如焦种不能生芽。"若蕴、界、处性，已、现、当灭，应知此则无相续生，以无因故"，此以无常为断灭也。"若本无有识，三缘合生，龟应生毛，沙应出油！""究其根源，咸有体性，何况一切心而无自体？"此以空为都无也。彼七识为"念念不住"者，故"不流转，不受苦乐，非涅槃因"。必真实、不空、常住不变者，乃足以为生死、涅槃因，故曰："如来之藏，是善不善因，能遍兴造一切趣生。""如来藏者，无有前际，无生无灭法；受诸苦（轮回之主体），彼为厌苦，愿求涅槃。"真常者之见，与大众、分别说、犊子系之立常心、真我，其动机如出一辙。如不于上来二义，明见其与"虚妄唯识论"及"性空唯名论"之不同，则终无以理解其真义。赞扬为了义，贬抑为不了，皆无当也。

于"真常唯心"中，《楞伽经》颇有特色。举内外、大小、行果、真妄、种现、见相等，而为宏伟之结构，曾不见有真心论而能过此者，惜阙佚未尽来华耳。今姑据此以谈，类及其余。《楞伽》略八识为三识：真常不变、清净周遍之心体，曰"真识"。无始来有遍计所熏之戏论习气，总即一切杂染熏习，别即身、语、行业所熏。此二者交系而为不思议之熏变：真性本净而为杂染所熏染，熏染而性本净，性净而变为似染之"现识"。此即"如来藏为无始虚伪恶习所熏，名为藏识"。如来藏、藏识，即真识、现识之别名也。如来藏亦曰如来之藏，指真觉在缠，为蕴、界、处，贪、嗔、痴所覆而自性常净；亦可解为如来之因（即佛性）。藏识即"藏真相（之）识"，则真觉在缠而似不净。此二者，"我说如来藏，以为阿赖耶，愚夫不能知，藏即赖耶识"，盖就赖耶之自体相言，二者固无别。藏识言其覆真，现识明乎妄现，其实一也。"真常唯心论"之阿赖耶，异于妄心者所见矣。此现识虽自体不变，而已现似虚妄生灭，就迷论迷，已不复常住寂灭如澄水，而有类微风泪泪之波，所谓"瀑流"与"微细妄想流注"也。业习熏真而构成现识，即如明镜之现色相，顿变似"受用"（即六尘）、"根"、"建立"三者（或解建立为器世间，或解为空间）。所现之色、空，与能现之现识，如水之与波，花之与香，不可说是一是异，此现识之现所分别也。以现识中无始熏习为所依，以现识所现之六尘为所缘，而意、意识等转识生，此现识之现分别也。"藏识海常住，境界风所动，种种诸识浪，腾跃而转生。"此识浪之与藏识，业相边同而真相异。依现识所起之转识，即意及意识等七识。意之作用有二，"如蛇有两头"，即内取现识以为我，外取色根而不坏。《密严经》如此说，《圆觉经》亦谓"我相坚固执持，潜伏藏识，游戏诸根"。此亦虚妄唯识者之共义，末那执藏识为自我；又名身者识，为根身所依也。此七转识，或顿起，或渐起，以取境而了别之，名"分别事识"。转识缘境，计著自相、共相，多所计度。"众生心二性，内（分别）外（所分别）一切分，所取能取缠，见种种差别"，盖谓此也。了别事识与前现识、真识，凡三识，摄"如来藏藏识心、意、眼识乃至意识"。以此言唯识，可有三节：真识在缠而为现识，是唯真识变。现识之现根、尘、空界，依之而起转识，是唯种识变。分别事识之施设名相而取六尘，则分别识变。此三识之变现，成杂染流转。若论其体相，则唯三：真识为"真相"（实体界）；无始来之虚妄熏习，"心能积集业"，曰"业相"（种子界）；染熏真而展起一切，曰"转相"（现行界）。明三识、三相，于《楞伽》之流转门，思过半矣！

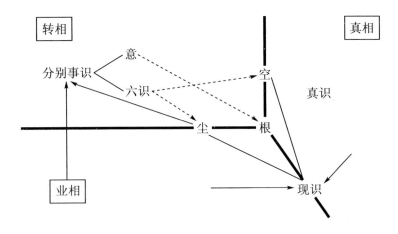

"真常唯心论",初为心性本净之六识论,次发展为本净之根识(意界)及虚妄生灭之六识。《胜鬘经》演化为本净心,及念念生灭之七识。《楞伽》、《密严》,进立"八九种种识",即真识随染及七妄之八识,或可别立在缠真心之如来藏心,真心在缠妄现之藏识心,及七妄为九。以是,言生灭,或但言七识念念灭;或可于相续次第生之七识"相续生灭"外,别有微细流注之"相生住灭"。"相"者,遍计义相所熏染,犹《摄论》之以藏识为"义识"也。言分别执,或以七识为分别所遍计之"分别事识",或可立"自心现妄想八种分别"。此与"虚妄唯识论"之自心性无记来不同,宜其彼此相接而终于相拒也。

别有一要义也,佛说六尘、六根、六识为十八界。有力能生者为根,即有引发六识之功能体。细意识之意根与眼等五根,所关綮切:"五根所行境界,意各能受",而意根"又为彼(五根之所)依"。其但言六识及意之分别心者,则大抵以五根为"不可见,有对"碍之细色,即身体中之生机,能生动而有因感发识之官能。此细色,由细心之意执取、摄持之。若于分别心之内在立种子心,则身中发识功能之五根,或者即视为能生识之种子。世亲之《二十唯识论》,陈那之《观所缘缘论》,均有此新意。《楞伽·偈颂品》有之,即分别事识之以无始妄熏习为所依(根),六尘为所缘;"虚妄分别种种熏灭,则诸根亦灭",皆此义也。若于种子内在而立净心,则或者又视根为在缠真心之映现(不全真亦不全妄);依真心妄熏而立妄识,亦即依根发识也。自识言,于恒行意而见种识,更进而见其为净心,不离于虚妄之恒行意。自根言,于五根、意根之依持中,见其为种习,又见其为净能,亦不离常识之六根也。后世之唯识论者,尚不解何故以种为根,自更难知净心在缠之发为六根。有欲于唯识外立唯根,则亦未知其所以异也。

如来藏为生死杂染依,亦为清净涅槃依。如来藏与非刹那之无漏习气相应,故"与不离解脱智藏,是依,是持,是为建立"也。以一切有情有性净藏性(一切有佛性),具无量称性之净德,故虽迷惑生死,莫之能觉,而能发厌苦求乐之思。如外遇知识,闻思熏修,则得破烦恼㲉而显本净之法身藏。断德之涅槃本净;不思议之智德,觉性圆明,不生不灭,亦不从外来也。真心者以净心为本,与非刹那之习气融然一体,为清净依;其无始妄染,则有漏刹那,与净心相离、不相摄,依附而已。此与妄心者适得其反,彼以妄识为本,与无始虚妄熏习,和合一味,为杂染依;生灭之无漏闻熏,寄存赖耶中,而非赖耶自性摄。二大唯心论之判然可别,不如指诸掌乎!此藏心,真心者解为法空所显性,然非空也。如来藏不与杂染相应,故说为如来藏空;而实"具过恒沙佛脱智不思议法",名不空如来藏。此不以性空为了义,而以体用常恒之妙有为真实,所谓真常论者此也。其返染还净之行,《楞伽》有四禅(止观相应):一、以无常、苦、无我、不净为门,观法有我无者,曰"愚夫所行禅"。证我空者,相续识(分别事识)灭,小乘者以为涅槃,然藏识中无始染业犹在,不转去如来藏中藏识之名,不得究竟解脱也。二、观三界唯心,身、受用、建立,唯自心现;所现义相,如幻化无实。此唯内心、无外义之观,即法无我观,名"观察义禅"。三、依法有以遣人无,依心有以遣境无,此二无我,犹是妄想分别,故于见外法非实,随了诸识不生,直观如实法不生不灭。离生灭见,得无生法忍,住第八地,曰"攀缘如禅"。四、得无生法忍已,起寂灭想,诸佛加持,菩萨乃即寂而起如幻三昧,广作佛事,名"如来禅"。前七地名有心地,八地名无心地,八地以上名佛地,即现证如来禅者所入也。《楞伽经》以不生法为依,而建立生灭。然返染之方,与虚妄唯识者同,即观外义无实,境空心寂以证实,可谓能融摄妄心者矣! 其后出者,颇有异同,不特以不生而立生灭,还灭亦顿观真常,自定力制心不起入。

第三节　辨伪与释疑

"真常唯心论",经多论少;国人辄以《大乘起信论》为主,视为马鸣所说,近人于此多疑之。"虚妄唯识论"者,以所见不同而拨之,是未知《起信》也。考证者,以马鸣时不应有此思想,且非真谛所译而非之。《起信论》立一心二门:真如门有空、不空二义;生灭门有觉、不觉二义,真妄和合名阿赖耶。立义大本,吻合于"真常唯心论",此不可非也。然《起信论》之辨心、意、识,凡七识,术语并出魏译《楞伽》,而立义全非。《楞伽》明三相(魏译并作识),则真常界、妄习界、现行界;明三识,则真净心、似真妄现心、妄心。二者立义既别,更不得随意增减之。《起信》作者,以魏译为依,昧于三相、三识,乃糅合而附益之,成七种识。名同《楞伽》而义异,古人多知之,即此以疑《起信》可也。论之非马鸣作,固不劳辨矣!(或者据《起信》以明真心之早于性空,尤不可。)

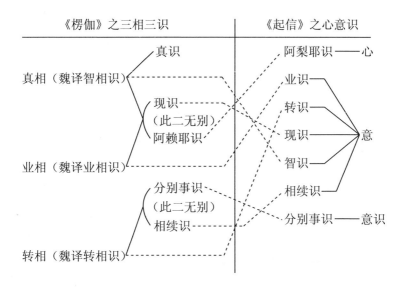

"真常唯心论",源出大众、分别说系,罕以论典著名。与说一切有系有关者,如龙树、无著等,即以论著。"真常唯心者"之多经,"虚妄唯识者"之多论(唯见《深密》一经),一也。然大众、分别说之大乘学者,常为思想之开导者。汉译之《法界无差别论》、《宝性论》，坚慧作，与真心论之思想合。其论典曾受《庄严大乘》、《摄大乘》之影响，约为无著同时之后进。此二流，古人以仰尊论师，或并以归之无著学。实则一起于东，一起于西，后乃相接而率相拒，不可混也。印度之后期佛教，外若特重论师，非论师所说者不谈；其实大众、分别说之大乘学者，别有其学风，仍为新新不断之创作。今之西藏，承后期之风，故唯许龙树中观、无著唯识二大乘。虽唯识之派别繁多，抉择正见，偏重《瑜伽》，故于真常心为依之学，卒未能明。内地之佛教，台、贤等并重经，以论义为参考，故别立真常法界或法性宗之妙有论，而以"性空唯名"、"虚妄唯识"为不了义。以学风不同，内地与藏卫乃异。平心论之，"经富论贫"固不必，专弘论典而不知经，亦无当也。

　　一切名言思惟所不及，而体为常、乐、我、净之妙有。以此为依，流转门立相待之二本，还灭门归于绝待之一实。此与《吠陀》以来之梵我论，其差别究何在耶？差别诚不易，然亦有可说者。《楞伽经》以外道之真常不思议，但由推论比观得之，即观生灭无常而推论想像有真常超越之本体，为大梵，为小我。佛教之真常妙觉，则以圣智现证得之。《涅槃经》以外道常、乐、我、净之大我，系远闻古佛真常大我而误解者，彼实未尝见我。然就印度思潮观之，则佛梵综合之形势已成。在佛教，将不但融摄三明之哲理，且将融摄《阿闼婆吠陀》之秘咒；吠檀多之学者，亦将融佛于梵，以释迦为神之化身矣！

第十六章　教难之严重

第一节　教难之严重

佛元九世纪之初,名德辈出。性空者佛护、清辨,唯识者陈那、安慧,说一切有者德光、觉使,各畅所宗,大法称盛。然大体为论,小乘既日见衰竭,大乘复远逊于小乘也。八百五十年顷,匈奴族掠北印,至密希拉古拉而破坏特盛,前已备言之。夙为说一切有系渊薮之迦湿弥罗、犍陀罗,寺圮僧少,迥非昔日之旧。笈多王朝瓦解,全印陷割据之局。占有北印之匈奴,南下之势犹急。九百四十年顷,拉奇普他那地方,成立遮娄其国,以阻匈奴之南下。婆罗门学者,师熏迦王朝遗意,鼓励湿婆神(即大自在天)之热信,以资武力之团结,佛教颇受其碍。时有崇信佛教之伐弹那王朝,兴起于中印,以羯若鞠(曲女城)为国都,其始不详,或谓系出摩腊婆云。以玄奘所记观之,则与摩竭陀关系颇深。十世纪之后期,东印羯罗拏苏伐剌那(金耳)国日强。国王设赏迦(月)挟武力西侵,所至坏佛法、毁寺、坑僧、伐菩提树(佛成道处),教难遍及于恒河两岸。拘尸那(佛涅槃处)之佛教,为之焚戮殆尽。玄奘师事之戒贤,即被坑而得脱者。九百九十二年,伐弹那王婆罗羯罗(光),感国难、教难之逼,率兵东征,不幸卒于军。长子曷逻阇伐弹那(王增)立,设赏迦王诱与和而杀之。弟曷利沙伐弹那(喜增),被立于危急之时,号尸罗阿迭多,即玄奘西游所值之戒日王也。戒日王祷于观自在,一举而胜设赏迦王,伐弹那王朝庆中兴焉!戒日王用兵六年,统一中印度。崇信佛法,致三十年太平,佛教得稍稍复兴。戒日王南攻摩诃刺陀,不克;晚年用兵于乌荼;迦摩缕波有抗衡意;其受东南民族之掣肘,无暇问西北事,实非笈多王朝强大之比也。一千零三十四年,戒日王卒,中印复大乱。婆罗门教学者,如前弥曼萨派之鸠摩利罗,后弥曼萨派之商羯罗,同出十一世纪,融摄佛教之理论而大成其学。印度教之复兴,至此而大成。

孔雀王朝而后,佛教在印度虽多受嫉视,然以哲理之发扬,犹见重于时。迨婆罗门哲学大成,佛教仅有之特色亦消失无存。不探古以创新,则因循荏苒,阿世取容以苟存而已!(中国佛教,会昌法难而理论衰,特色犹有禅在;理学兴而佛教之特征失,寺院经忏之佛教,其何以自存乎!)相传商羯罗尝至藩伽罗,与佛徒辩,其时法将无闻,竟莫有能敌之者。道场二十五处被焚掠,五百比丘被逼改宗。东至欧提毗舍亦然。南印度以鸠摩利罗派之隆盛,佛弟子莫能胜之,民间乃多改其信仰。即佛教最高学府之那烂陀寺讲学之制,亦因之略变,凡无力折伏外道者,可于内室讲授,不得公开云。

第二节　空有之争

政治若是其混乱,教难若是其严重,而佛徒曾不稍自觉,一仍旧贯,变本加厉。论议者务为琐碎之思辨,出入空、有,两败俱伤;"真常唯心"者,则无往而不通,总摄空、有,融神秘、淫乐于一炉。大乘教日趋分化,转入佛梵综合论矣!空、有之争,初起于"虚妄唯识者"之巧辩。龙树、提婆之性空论,虽一度中落,法焰几绝,然大乘以龙树而光大,其权威令德,固无人敢轻议之者。无著师资,承经部之"界实处假",演绎为心有境空之唯识。依《深密》《瑜伽》,立依他"自相有",斥胜义一切皆空、世俗假有之性空论为恶取空者,然亦未敢明斥龙树也。龙树说一切空,不将有恶取空之嫌乎!世亲弟子安慧,首为《中论》作释,以《般若》隐密意释之。意谓依不了义作如此说,龙树本意非不知依、圆有也。作《中观论释》以破中观学者,安慧亦巧黠矣!时南印清辨,不以唯识者所见为然。作《般若灯》《掌珍》《中观心论》等,于瑜伽唯识学,颇致抨击。安慧弟子有德慧者,宗安慧之心有境无,再释《中论》以破清辨。传说清辨弟子,北来那烂陀寺,与安慧门人抗辩,卒胜之云。又,陈那弟子护法,为提婆《四百论》作释,双弹依他自相有(似指安慧)、自性无(指清辨),而以一切空为但遣遍计执性;依他起性离言而为言说所依,非自性无,亦不说自相实;圆成实乃因空所显之一味离言性,不复可以有空名也。然于提婆本论有难通处,曾为之改文以自圆其说。清辨拟与之面论,不果。佛元千年顷,月称据无自性之宗，于唯识学之"阿赖耶识"、"自证分"、"外境无"，一一举而破斥之。作《四百论释》，于护法曲解，悉为指正。护法弟子有提婆湿罗摩者，又注《中论》以破月称。当月称主持那烂陀寺时，安慧系之学者月官，特来寺共论，一主性空，一主唯识，往复辩难，历七年而胜负始决。民众多久预论场，熟闻其诤论所在，及优劣所分，群作颂云："噫！龙树本论，有药亦有毒！难胜无著论，是群生甘露。"性空宗久衰，至清辨、月称，乃告中兴，与"虚妄唯识论"并峙，且进而过之焉！

　　两家争辩之焦点，在性空假名之中道，与唯识无义之中道，孰为了义。以初起于唯识者之巧辩，故演为《深密经》与《中观论》本义之争，推衍及于一切。性空者以龙树、提婆为宗。唯识者不敢轻议前贤，乃依《解深密经》之教判，谓龙树论乃隐密说。隐密说者，非龙树不知依他、圆成是有之谓，但为一类根性，依遍计无自性说耳！以是，龙树所悟之中道，实与唯识者同。反之，以龙树中观学自居之偏执一切皆空，不足以知龙树，正《中论》所破之空见也。性空者起而应战，解《中》、《百论》之本义，弹安慧、护法等之曲解。于《解深密经》，亦竞起解说之，盖非如此，不足以夺唯识者之守也。

　　瑜伽唯识者，以自相有为胜义（真实）有。依他起有胜义自相，不可言空，遍计所执性乃可言空耳！清辨、静命等，评其为不见《解深密》之真义。《深密》所说之依他自相有，是世俗自相，若执为胜义有者，即遍计执性。以是，依他为世俗自相有，于胜义中则自相皆空。然则《解深密经》与《瑜伽》者不合，反与清辨、静命（寂护）所见之性空宗同。月称解：《解深密经》之意趣，确如唯识者所说。于不能于性空中建立缘起之钝根，故为说一切空为隐密，恐其堕断见也。若能于性空中立一切法之利根，则一切皆空乃究竟之谈，如龙树所说者是。

详两宗立义，确有不能强同者。即"自性"一名，《解深密》以自相为依他起之因果自相；遍计执性无彼缘起相，名相无自性性。如说"瓶中无水"，此中无彼水，非彼余处无水也，是为他空派。龙树之言自性则不然，不从因缘生、非新作、不待他者名自性有。一切法为缘起，缘起不如吾人所见之自相有，自相实无，名无自性。缘起本身，虽假名有而即无自性者。此则如云幻化无实，即此幻化之实体无，非此无而彼有实体，是为自空派。龙树以因果妄现及妄心所取者为自相，而自相实无；无著系以缘起因果之实有事为自相，而自相必有，何可滥同一体也！《深密经》谓为五事不具之钝根说三性；为五事具足之利根，依三无性说一切空。月称所解，似稍近之。

唯心、不空之大乘，继性空者而兴，宜后起之经，多以性空为不了，无著师资论且明斥胜义一切空为恶取空也。性空者处此，即论理足以制胜，而事有所难，乃师瑜伽者之故智，别出反攻之道焉！地婆诃罗（日照）于佛元一千零六十五年顷来华，传那烂陀寺智光与戒贤为空有之争。智光宗性空，依《大乘妙智经》，立"心境俱有"之小乘、"境空心有"之唯识、"心境皆空"之般若，以此三时教判，证"虚妄唯识"者之未了。此因明"决定相违"之法也。既各有经典可据，则空、有之了不了，唯可以论理决之矣！别有解脱军者，传其初从世亲学《般若》，次从僧护学《中观》而通其义，为弥勒之《现观庄严论》作释。《现观庄严》

之为弥勒论,旧无此说。西藏传般若法门之传承中断,无著闻诸弥勒而复传之,即《现观庄严论》。传承说之无当,前已辨之。《论》凡八品、七十义,实性空者反攻唯识之妙术也。解脱军次第传于小解脱军、胜军、调伏军,而至静命,静命传于师子贤、莲华戒乃大昌,已佛元千二百年顷,达磨波罗王时矣!其为说也,世谛门立境空心有如唯识,第一义门立心境皆空如中观,盖巧摄唯识之性空论也。立说本于《中论》,于《现观庄严论》特所宗重。弥勒传为"虚妄唯识"者之论祖,而弥勒之《现观庄严》,以所取空而能取不空为缘觉道,菩萨虽遍学而非所宗。其讥调唯识之意,隐然可见。依此论,则弥勒之中道正见,不如唯识者所说,而与性空者同。此与瑜伽者之释《中》、《百论》,以龙树、提婆之见同唯识中道,岂不异曲同工哉!《现观庄严》约《般若经》文作颂,而独多二颂曰:"无彼灭自性,何能以见道,尽彼分别种,而得无生相!若有余实法,而谓于所知,能尽彼障者,吾(弥勒)以彼为奇!"性空者摄唯识学于世谛门,藉彼所宗弥勒之大名,以破无著、世亲之唯识,盖亦巧黠之甚矣!波罗王朝,性空者融于真常而大盛,《现观庄严》乃被视为五部大论之一,今犹风行于西藏。著作者或即解脱军其人。

第三节　性空者之复兴与分流

提婆以后,性空大乘式微甚。世亲时,中印有僧护者,扇将熄之法焰而渐兴之。然以龙树之《智论》失传,仅恃《中》、《百论》颂为弘通,于龙树圆满之体系,卒无以尽见也。承僧护之学者，出佛护、清辨、解脱军三大流：一、佛护，南印呾婆罗国人，从僧护学，还南印呾特弗利伽蓝弘之。依《中论无畏释》作《中观论释》。弟子莲华觉，再传而至月称，乃大弘其说。或谓月称于《中论》诸释，虽独契佛护释，而实不出其门云。二、清辨，生南印摩罗耶啰王族，与护法同世，其后亦弘法于南印。时唯识之势方张，安慧且作《中论释》，引龙树为同调，以破胜义一切皆空者。且以陈那之大成因明，学风一变，大有非三支比量，不足以立破之概。清辨乃奋然而出，作《中论般若灯释》等，揭"唯识非佛说"之宗。于无著系之唯识学，抨击不遗余力。于先观唯识有以遣境、次观唯识亦不可得之唯识观，评为"与其先以泥涂而后洗，勿如初即不触为妙"！"先即并修，无须悭吝"！胜义一切空者，即无自性寂灭为真如，斥唯识者因空所显之实性为"似我真如"。超思议之实在，一味、微妙，与梵我究何所差别也！清辨事事依乎因明，以立敌共许之因相，立量破他以显自，因于佛护论间有微辞。清辨之立世俗心境，多顺经部说，后人因谓为"随经部行者"。其道既行，常随比丘辄千人，于性空之复兴，功不可没也！其弟子观音禁，曾作《般若灯论释》。三、解脱军，即《现观庄严论》之传弘者。其学数传至静命，作《中观庄严论》。其弟子莲华戒，作《中观光明论》、《修习次第》三编，且为《中观庄严论》作释难。于性空学者中，成"随瑜伽行者"一派。盖其建立世谛缘起，顺同瑜伽者之有心无境也。静命师资，先后游化西藏；西藏前弘期之中观，即以此为主。静命师资之巧摄唯识，盖有见于清辨立义之有所难。以唯识为非佛说，而以《楞伽经》等为佛说，无论作何解说，实不啻示人以瑕隙。静命之创新说，盖深见于此也。静命云："何者为世俗事？唯心心所为自体耶？抑亦有外法体耶？有依后义者，如论（指清辨论）说唯心，但破作者、受者。或有思云：虽诸因果法，亦皆唯有识。"或有思者，即静命自述己见。以"若作此说，与《密严》、《解深密经》义相符，与《楞伽经》之外境悉非有，心似外境现亦合"。其立说虽综合唯识、性空二大流，而实归宗于性空也。师子贤亦静命弟子，作《八千颂般若广释》、《现观庄严论释》，卓然成家。

月称以先，虽有佛护、清辨诸家，性空犹和合无净，彼此亦不自觉其有异。月称独契佛护，直标"此宗不共"之谈，乃有"应成"、"自续"之净也。月称作《中论明句释》、《四百论释》，又作《入中论》，尤注力于遮破唯识。初，佛护释《中论》，于破"自生"时，以"应成无穷"等，随敌者所许而破之，清辨评其不以立敌共许之因、喻为量，无破他之力。月称即此以发现佛护、清辨所见之不同。清辨以世谛为自相有，为（五）根识现量之所得。立者、敌者有此共许之正量，故得以共许之因相，"自立量"以破他立自。若直出敌者"自生"之过，即非善于立破者也。佛护之意不尔，龙树菩萨亦尝以"应成"破。常人于如幻有而现为自相有，以此自相有为缘起相，视以为正确。性空者知法无自性，一切唯是无性之缘起，自相有是错乱现。在缘起虽与世人共，而实无一共许者。以是，性空者于世人之执缘起自相有者，但可就其本身立说之矛盾，剿绝其情见，无立敌共许因之正量可立。清辨以为有，盖以缘起为有自相者，于二谛无碍之正见，未尽善也。月称立说，申二谛都无自性，三乘同见法性空，三世幻有，心境幻有（或称之为"随婆沙行者"），颇近于什公初传之龙树学（近天台之共空），于后期复兴之中观学者中，所见特深！然以缘起之"待他"为依心，"不从他生、非新生、不待他"之自性为胜义自性，不许现在意而破阿赖耶等（细心），则以学出后期，或滥于真常，或拒唯识而失之太过。大体为论，余晖峻岭，性空者之杰出者也！月称传大明杜鹃、小明杜鹃而至阿提峡，于佛元千四百二十五年入藏，作《菩提道灯论》，影响于西藏之佛教特深。此外之性空者犹多，如寂天作《集菩萨学论》、《集经义论》、《入菩提行论》，流传亦广。

第四节　虚妄唯识者之分流

"虚妄唯识论"之学系，不甚详，安慧、陈那，则其两大流也。安慧，南印罗罗国人，七岁从世亲学。作《俱舍论释》，又糅《杂集论》以救《俱舍》，于《俱舍》一学，似有独得。善因明，广释世亲论，其中《三十唯识论释》，梵、蕃本犹存。弟子月官，弘《十地》、《月灯》、《树严》、《楞伽》、《般若》五大经。与月称共论七年，即此人也。大成因明之陈那，前已叙之。其弟子有护法者，南印达罗毗荼国人，作《唯识宝生论》、《四百论释》，尤以《三十唯识论释》为长。玄奘传来之唯识，虽杂糅十师之说，而实以此师为宗。年三十二卒，藏传其继陈那而住金刚宝座三十余年，二说相违，未知孰正。护法弟子有智月、胜友、戒贤、胜子等。戒贤耆年硕学，主持那烂陀寺极久，人称"正法藏"。玄奘初见时，已百零六岁矣。弘瑜伽、唯识，一时称盛。初，世亲作《唯识三十论》，未造长行即逝世。亲胜、火辨，为之作释，继之而作释者甚多，玄奘传凡十大家，即亲胜、火辨、安慧、德慧、难陀、净月、护法、胜友、胜子、智月。惜玄奘徇窥基之请，糅为《成唯识论》，传说纷然，各家之面目已不得而详！性空者复兴，唯识学日见萎缩，戒贤、法称而后，几不闻有法将矣！

《庄严》、《摄论》等创立唯识学，详种识变，摄一切法以虚妄分别为自性，而统以分别、所分别二分。《庄严》以心所为心识之似现；《摄论》明内种子皆熏习性，盖有取于经部之说，而异于《瑜伽·本地分》之旧也。迨《摄抉择分》、《三十唯识论》，详分别识变；王所、心境之同异，又反流而同于《瑜伽·本地》。无著师资之学，含有几多之歧义，后学者随所重而贯摄研辨之，乃显然分化矣！藏传陈那、法称系，特重《集量论》及七部因明，流出"随理行"派。其中有相分实有、相分假有二派。相分假有中，又有有垢、无垢派云云。随理行者，以客尘垢染之心光明性，建立究竟一乘。以赖耶非现量、比量所得，乃但说六识。不取教量，唯理为宗，末流所趋，大异于无著、世亲之旧矣。传来中国者，初有菩提流支，次有真谛，后有玄奘。玄奘所传，特宗护法，于同系诸师悉加摒弃。护法师陈那，而其学不若"随理行"者之偏激；疑"随理行"者，法称后乃渐弘阐焉！玄奘宗护法，杂糅十师，是非难言！参酌众说，其争论所在，犹可见一二。《瑜伽》以现行之恒行意为本，依之而间断起者为（意）识，持种子为心，有心、意、识而现行唯七识。此与《深密经》之阿陀那识及六识，《摄论》从种子生者唯意及六识同。《唯识三十论》依《抉择分》而标从种生起之三类识变，立现行八识，阿陀那是否末那，乃有争。末那（意）者，识所依止（或生起依，或杂染依）义。"阿陀那识为依止,为建立,六识身转(起)",则阿陀那即末那也。阿陀那执持根身,《摄论》以末那为"身者识",《密严》、《圆觉》亦以末那为取诸根。阿陀那执受名相分别戏论习气,而种习一味之赖耶心,有"所缘相";"即彼种子是所缘相";末那缘藏识,即此种子相,则与阿陀那之执受种子难别。细心、种子,乃至心光明性,本不可分者。《摄论》以种子为心,以恒行意之执取为意;《十地论》以心光明性为阿赖耶,以执取为阿陀那。自现行七识之见地,固无不可者。迨现行八识论出,玄奘传护法之学,乃以"阿陀那即末那"为妄说,而实是非未可言也!难陀、安慧,犹承用古义,故末那识但依阿赖耶种,无现行俱有依。护法则自八识现行以推论之,不忆心种生意及识之唯识学,乃谓末那以阿赖耶现行为俱有依。赖耶既是现行心,应亦以末那为依。六识依意,意依赖耶,赖耶反依意,藉循环论以自圆其说,则有取于说一切有系得与得得、生与生生之故智也。然末那与赖耶之有俱有依,非无著、世亲之旧。恒行末那与种子心,乃约义而别立者。转染成净,亦得立圆镜智、平等智。镜智取其摄持、显现,平等智取无分别智,二者乃一体之二义。束四智为三身,则镜智与平等智为法身,即自性身;世亲释《庄严》,如此。自后起三类识变观之,以赖耶为恒行心而持种子,实别无末那可说。杂染边,以大乘不共断之微细法执,三乘共断之恒行我执,不妨离赖耶而别立我执末那。若转染成净,则唯一无分别而摄持净能之妙智。安慧承古意,末那唯我执,赖耶有法执(微习),三位无末那,要皆有见于此。护法承《唯识三十论》,赖耶侧重于异熟,乃以我法执并属之末那;转染成净,立清净末那。其说无不可,而末那有法执,古义之所未明也！种子与细心，习气心与恒行意，杂染心与心光明性；执取异熟种子，学者离合其间以谈心、意之别，宜学派之争无已。

《摄论》以"唯识、二、种种"三相成立唯识，本为一贯之三相。似义显现者非有，唯虚妄分别为性，此之谓"唯识"。虽一切唯识，以无始熏习力，有分别之见、所分别之相现，则是"唯二"。分别心分别彼所分别，有种种之行相，则曰"种种"。"唯识"为依他起性，"种种"为遍计执性。分别、所分别"二"者，从其种生而以识为自性边，是依他；所分别于分别心中现，若有别体之能取、所取边，是遍计执性。此三相一贯无净，识有境无之义耳！《中边论》以"境故"、"心故"为遍计及依他性；又以"虚妄分别有"为依他，"于此二都无"为遍计执性。以"义"或以"二取"为遍计性，一也。《庄严论》以幻师喻虚妄分别，以幻事喻二迷；又以能所各三光为依他起；依、遍各通二分，亦非矛盾。《密严经》云："一切唯有觉，所觉义皆无；能觉、所觉分，各自然而转。"上二句是"唯识"，下二句是"唯二"。又说："众生心二性，内外一切分；所取能取缠，见种种差别。"上二句明"二"分，下二句明"种种"。此固一贯之谈，岂可随文而偏执一分、二分哉！玄奘东来，乃有所谓"安、难、陈、护，一、二、三、四"之别。所谓一分、二分，实即相分实有与相分假有之净也。唯识无义，以分别遍计所分别，熏遍计所执习气，以能所交涉而熏成，生时即自然而现二分。相即是识之一分，"即是识"名唯识也。自唯识反流于"瑜伽"，依他之分别心，与离言之十八界性相接，则觉见、相相涉而成种，熏成各别种子。分别与所分别，各从自种子生,即境有自相,非识而不离识,"不离识"名唯识也。安慧等用见、相同种之"即识";难陀、亲胜等,则用见、相别种(不谈独影境)之"不离识"。相有自相而不离识,即相分实有,此后世之所谓二分,非唯识"唯二"之旧也。陈那师资,自见、相别种而稍加融会,然其三分、四分,则实有取于大众系之"心自知心",与唯识旧义异。然自证分证知见分,不变影像而直觉,护法之再事推衍,殊觉琐屑不当! 幸有循环论法在,否则将知知无穷矣! 余义繁多,今不复一一。总言之,唯识有种种学派,护法唯识其一支耳!

第五节 真常者之融合

"真常唯心论"者,以空、有之争,乃默然而坐享其成。以真常之离过绝非,比合于性空;性空者之胜义自性,亦渐合于真常。彼此相提携,性空兴而真常论大盛。妄心者之心光明性,与真常心相接;真以妄熏而成之赖耶,亦附合于生灭无常者。以空性为体,以唯心为用,间或有所偏明,而无不开显体用无碍之真常。内合于玄理,外融乎俗事,至高至卑,无事而不真常本净,无往而不圆融无碍,达于形而上之妙有。千一百年之佛教,其空、有理论之发达,应作如此观。(且依有为法列之)

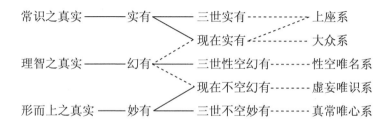

常识之真实 ——— 实有 ——— 三世实有 ········· 上座系
　　　　　　　　　　　　　　　　现在实有 ········· 大众系
理智之真实 ——— 幻有 —— 三世性空幻有 ······· 性空唯名系
　　　　　　　　　　　　　　现在不空幻有 ······· 虚妄唯识系
形而上之真实 ——— 妙有 ——— 三世不空妙有 ······· 真常唯心系

第十七章　密教之兴与佛教之灭

第一节　秘密思想之滥觞

　　佛元八世纪以降,秘密教日见风行,以身语意三密相应行,求得世出世之成就果也。密咒远源于吠陀之咒术,信咒语有神秘之能力;藉表征物与咒力,以利用神鬼精魅,俾达其目的。表征物及密咒,乃至身体之动作,常若有神力于其间者。咒法之作用,分"息灾"、"咒诅"、"开运",或加"幻术"为四类,此与秘密教之"息灾"、"调伏"、"增益",大致相同。原印度文明以《梨俱吠陀》为本;次组织补充之,成为《沙磨》、《夜柔》二吠陀。是三者,虽崇事神权,而末流成"祭祀万能",意象尚称高洁,总名之曰"三明"。别有《阿闼婆吠陀》,以咒术为中心,乃鬼魅幽灵之崇拜,用以适应低级趣味者。释尊出世,斥婆罗门三明,而犹略事含容。于咒法、幻术,则拒之惟恐不及。《杂阿含》云:"幻术皆是诳法,令人堕地狱。"巴利藏之《小品》,《三明》,《释塔尼波陀经》,并严禁之。其后,"阿含"、"毗奈耶"间有杂入,然见于现存经律者,以治病为主。佛灭二百年,分别说系之法藏部,推尊目连,盛说鬼神,始传有"咒藏"之说。

　　大乘佛教与秘密,无必然之关系,然大乘佛教之兴起,则确予秘密思想以活跃之机。大乘仰圣者功德之崇高,昔之世出世善并由自力以致之者,今则佛力无量,菩萨愿大,他力加持之思想乃勃兴。菩萨遍入六道,龙、鬼、夜叉中,自应有菩萨存在。而佛弟子之编集遗闻,融摄世俗,既以魔王及外道师宗多菩萨之示迹,又以天龙、夜叉之护法,而谓传自夜叉或龙宫。魔王、外道、天、龙、夜叉与菩萨同化之倾向,日益显著。如梵童子之与文殊,因陀罗之与普贤,摩醯首罗天成佛之与大自在天,其显例也。其中,尤以夜叉为甚。夜叉本为达罗维荼民族之神群。佛世传有金刚力士护佛,《密迹经》即谓其为大菩萨,以护持千佛之佛法而示现夜叉者。说《十地经》之金刚藏,亦夜叉之一。《大智度论》谓夜叉语音隐密杂乱不易知,此与密咒之密有关。夜叉手执金刚杵,金刚乃常住不坏之宝物,因与真常论特相契合。自中印法难,安达罗王朝之文化大启,大乘由此而勃兴,夜叉即于此菩萨化。后之传密法者,谓龙树开南天竺铁塔,见金刚萨埵而后传出;密典多以秘密主或金刚手为当机者,其间之关系,固显然可见也。大乘佛教之演化为密教,虽千头万绪,而菩萨与外道、龙、鬼、夜叉之合化,为一特要之因素也。

　　《般若》、《华严》之字门陀罗尼,亦予秘密法以有力之根据。大众部"苦言能助",开音声佛事之始。至字门陀罗尼,则藉字母之含义,闻声思义,因之悟入一切法之实相。如"阿"字是"无"义、"不"义,闻唱阿字,即悟入一切法本不生性;此深受婆罗门声常住论之影响也。其初,犹以此闻声顾义为悟入实相之方便,继则以文字为真常之显现,以之表示佛德及真常之法性矣。以此昔之密咒,用以为"息灾"、"调伏"、"增益",后则以密咒为成佛之妙方便。"阿字本不生",固为其重要理论之一。

龙鬼神秘之思想,虽逐大乘道而渐盛,然初期大乘经中,助佛扬化及受化者,多为人身菩萨,犹以入世利生、深智悟真为本。此期之经典,密咒之成分渐多,然多用以护持佛法,未视为成佛之道。且此项密咒,亦多后代增附之。如《般若经》本无咒,虽说"是大神咒,是大明咒,是无上咒,是无等等咒,是一切咒王",实以喻赞般若之特尊。后人集出《学观品》要成《般若心经》,则加以"即说咒曰"云云。《法华经》本无咒,而《嘱累品》以后之附编者,有《陀罗尼品》。《仁王经》、《理趣经》本无咒,唐译则有。凡此皆足以见初期大乘之犹未太滥也。

密教亦称瑜伽教,与瑜伽者之关切特深。详解脱之道,唯八正道,即三增上学。以正见、正思之慧学为眼目,以正语、正业、正命之戒学为足。必心怀明洁,行止无瑕,而后以勇猛精进心,因正念以入正定(定学)。止观相应,乃得断惑证真。断证有赖于禅定,而佛法不以禅定始,亦不以禅定为尚,取其摄心明净而已。否则,离戒慧以入禅,未有不落魔外蹊径也。佛世言禅定,推二甘露门,此皆印度常行之禅法,而佛资以为摄心之门。初以不净观,厌心切者多自杀,乃教以安般念,即以调息为方便而系心入定。"风"、"脉"等瑜伽,即此安般之余,而恋世心切者,末流乃与方士家言合辙。静居入禅,其戒行不净、慧眼不明、动机不正或不善用心者,常有种种身心病生,有种种可喜可怖境界现前。正本清源,莫如戒慧。或者不务本而逐末:悬圣贤像、善神

像,烧香散花以求护卫者有之;论宿曜吉凶、时日祥忌、山水利
害,以求解免者有之;藉咒力、表征物,请护法神以驱鬼魅者有
之。禅病日深,神秘之风日炽。昔佛之世,弟子以不见佛为苦,
夜行独居而有怖畏者,佛尝教以念佛、念天。念佛陀之智慧慈
容;或念行善者必升天,我既行善,复何所畏! 以此强其意志,慰
其脆弱之心。禅者怖畏多,念佛乃为其要行,发为念佛三昧。不
仅念佛之悲智,而多念佛之相好,住处之庄严(净土);求于此三
昧中,佛为现身说法。所念者不仅佛陀,诸菩萨亦为观想之境。
殆佛与天混融之势成,观想夜叉等为本尊而求成就之密法乃出。
瑜伽师初出虚妄唯识论,又伴真常唯心论而大出密法。南北瑜
伽者合流,三密瑜伽之教乃盛行矣!

第二节　秘密教之传布

秘密法虽逐大乘而起,然独立而成所谓呾特罗乘,则远在其
后。密乘学者欲托古以自厚,乃谓昔已有之,且大弘于龙树。于
佛教名德,如提婆、无著辈,莫不引以为密乘大师;传说之纷杂,
亦已极矣! 西藏传密乘有事部、行部、瑜伽部、无上瑜伽部——
四部。汉地旧传之密乘而流入日本者,有胎藏、金刚二大部,此
二与行部、瑜伽部相当。无上瑜伽部后出,始弘于波罗王朝,赵
宋曾略出数部,间有被禁不行者。事部则与日本所谓二大部外
之所谓"杂密"者大同。自理论言之,胎藏界明本具之真常心
性;金刚界则详于真常本净性之修显,并与真常唯心论之大义
合。"杂密"则罕言理性,其修无相瑜伽,亦即妄以明空,不与天

色身观相合,真常之色彩不深。言组织,杂密常聚佛菩萨鬼神于
一堂,未若胎藏界等组织严密,秩然有序。其行法中,结坛场,重
供设,诵咒结印,详于事相而略观想。其观想本尊,则召请一外
来之本尊而观之,修毕则送之还,未直观自身即佛也(大都如
此)。于秘密教之发展中,事部乃其未臻圆熟之初型,其流出实
先于真常唯心论之盛行。佛元七世纪之末,(晋永嘉中)帛尸梨
密多罗,即以善持咒术称,来华译出《孔雀明王》、《灌顶神咒经》
矣。初期之杂密,与北印之瑜伽师有关。《西域记》谓北印乌仗
那人,"特闲咒术";秣底补罗亦以深闲咒术著称。西藏传僧护
以前,秘密法不无流行,乌仗那人多有得持明位者。初期来华传
译密典与精闲咒术者,多北印及西域之龟兹人。龟兹之帛尸梨
密多罗,善持咒术,无论已。佛图澄姓帛,再到罽宾,亦"善诵
咒,役使鬼神"。余如北印菩提流支之兼工咒术,乌场(即乌仗
那)之那连提耶舍,健陀罗之阇那崛多,且于隋世广出咒典。沿
雪山而住之瑜伽师,内有所见于定境,外有所取于民俗之咒术,
以之自护,以之教他,事部乃渐行。

　　密乘之流布,常途多托始于龙树,其初指《大日经》而言,请
一论龙树师资之传承。什公来华,惟传龙树、提婆,青目等之传
承不明。《付法藏传》谓提婆弟子罗睺罗;真谛传罗睺罗以常乐
我净释八不,性空者之转入真常,可考见者,自此人始。西藏传
罗睺罗弟子有龙友,龙友弟子僧护。龙友之与龙树,传说颇为紊
乱。龙友之师为罗睺罗(跋陀罗),俗乃传龙树之师亦为罗睺
罗,其讹传盖可想见。又传说与提婆同时,有本名如来贤而称为
龙叫(即《楞伽经》中之龙猛)者,弘传唯识中道。龙友、龙叫与

龙树之传说相杂,而有龙树传密之说。以各种记载观之,龙友弟子僧护时,行部始显然流行于世。有龙智者,传为龙树弟子。或言玄奘于北印磔迦国所见之长寿婆罗门,即龙智其人。略后,胜天弟子毗流波,月称弟子护足,亦从龙智学。唐开元来华之三大士,并自称受学于龙智。密学之盛,与此老关系之深,可以见矣!龙智年寿极长,传出龙树,殆即龙友或龙叫弟子欤!事部乃咒法发展之雏形;其融摄真常之深理,以三密为行法,组成事理圆具之密典,疑即龙叫、龙智其人。

行部之流行较早,以"菩提心为因,大悲为根(本),方便而至究竟"三句义为大本。明十缘生句,颇类于《般若》之说。然菩提心指自心本具真常性德,方便则多明随机适化之行,可谓真常化之般若也。瑜伽部之《金刚顶经》,明五智成身,盖后于唯心论之盛行。行部、瑜伽部之流行,已渐自北印而移入南中。后期之性空者,佛护、清辩弘法于南印,并转入密乘。《西域记》谓清辩入那罗延窟,实即学密之谓。中印之月称、智藏,下至静命、莲华戒,亦无不学密。无著学系之游化南中者,如陈那、护法、法称辈,西藏并传其与密有缘。唐代来华之传译密典者,亦以南印,尤以中印度为多。盖时秘密之思潮,立本于真常、唯心、圆融、秘密、他力、顿成,融性空与唯识之学而无所不可。空有之交诤,仅供秘密者之庄严而已。初无所偏于二家,其力崇中观,则以龙智而下,性空者多入密有以致之。

行部与瑜伽部之成立,在融摄世俗边,可谓佛梵之综合,此于胎藏界、金刚界之曼陀罗可知。惟其中有可注目者,即以在家菩萨(天人)形之大日如来为中心,以金刚手等护翼之,释迦及阿罗汉等,则退列于外围。盖以密者之见,印度之群神,自其本地言之,并佛菩萨之示现,为大日如来之内眷属、大眷属。应化身之释迦及其眷属,转望尘而莫及。以在家菩萨为中心,本大乘佛教必至之势。显教之文殊、净名,以及诸大菩萨,无不有越出家声闻众而上之之概。惟秘密者以在家佛教之立场,不能发为入世济众之行,而融合世俗之神教,犹敢轻究竟之解脱道,唱释迦不得成就,请教于天上之大日如来而后能证入之说,不能无感于尊卑之倒置耳!旧传罗睺罗跋陀罗,即婆罗门学者婆诃罗,而龙智亦一长寿婆罗门。此时之佛教,常以佛化之婆罗门学者为其先导;其精神固已非僧非俗,亦佛亦梵矣!

虽然,行部与瑜伽部,犹以人形之大日如来为中心也。次以密乘行者,于胎、金之圆融大法界中,特契于金刚明王。以大贪乐为摄引,大忿怒为折伏;大贪大嗔而大慢,观自身即本尊而修之。其中心之崇拜,为罗刹、夜叉,求其如大日如来之人形,亦不易得矣。于此,吾人于古人之心境,似应有所谅解也。印度为神之世界,一切在神秘氛围中。初以佛教之行而少衰,中印法难后,又渐复其繁荣。佛教以大乘入世之融摄,多少倾向于他力。迨笈多王朝兴,婆罗门学者以梵我论为本,予人格神以论理之根据,增强湿婆、毗纽、梵天之信仰;下至一切世俗迷信,无不兼收并蓄,蔚成时代潮流。以反吠陀而兴之佛教,对此能无切身之感乎!声闻之解脱行,不足以应群机,亦不足以畅佛怀。入世之菩萨行,虽理论已极于性空缘起,而菩萨僧之不立,政教形势之限制,亦难以成入众利济之行。大乘惟有趋于随机适应,专精禅思发通以济众之途。自性空以入形而上之妙有,自力以入他力,缘

起以入唯心，无神而入有神，固有意无意而开始转变者。驯致形
成梵佛之综合，一反根本佛教之精神。然创始转化者，似未尝不
知之。《深密经》明说为五事不具之钝根，说依他自相有。《楞
伽》明真常唯心，而谓："言心起众相，开悟诸凡夫……若说真实
者，彼心无真实。"《大日经》明秘密法，而谓："劣慧不能堪，且存
有相说。"古人非不知之，特欲以此为方便，摄世俗以向佛耳。
其如始简终钜，真常唯心神秘之说与生死心积习相应，乃一发而
不可收拾也。

　　前三部之流行，笈多朝以来三百余年事也。若无上瑜伽，则
后弘于波罗王朝。自伐弹那王朝倾覆，中印大乱，佛教之势转
衰。有波罗王朝兴，佛教乃赖以偏安五百年，而成一异样之繁
荣。东方有瞿波罗王，起而统一藩伽罗国，西取摩竭陀等地，创
波罗王朝。王朝相承，凡十八世。夜叉波罗王为大臣罗婆斯那
所篡，王朝遂亡。此十八世五百年间，崇信佛法，历世不替。其
尤竭诚护持者，凡七世，称"波罗七代"。七代中，第四世达摩波
罗王时，国力最盛，曾扩展至曲女城，于佛教之护持亦最力。王
于那烂陀寺附近，建欧丹多富梨寺。又于北近建毗玖摩罗尸罗，
即有名之超岩寺。道场百八，规模宏大，视那烂陀之八院三百房
而过之，遂夺那烂陀之席，而超岩成最高之学府矣。于此波罗王
朝，一类无上瑜伽，初非人间所有者，始由密乘学者次第传出。
初有毗流波者，出那烂陀座主胜天之门，后从龙智学而得悉地。
自后，昙毗醯流迦，婆日罗犍陀等，相继得道。又有婆婆波、婆罗
波、俱俱啰罗阇、喜金刚等出，并弘瑜伽及无上瑜伽五部。如
《集密》、《欢喜金刚》、《明点》、《幻化母》、《阎摩德迦》等，均先

后流布。及喜金刚弟子檀毗醯卢迦，又传来《佛顶轮》、《救度母轮》等，无上瑜伽已大体备矣。佛元十二世纪后期，达磨波罗王在位，建超岩寺，密乘之势益盛。王于"现观庄严"派之狮子贤，弟子智足，特加钦崇，而密乘与"随瑜伽行"之中观师，相涉乃益深。智足遍弘前三部，及五种内道呾特罗，于《集密》之解释尤工。然与护足之旧传有异，《集密》因有所谓"龙猛传"及"智足传"之两大流也。继智足而为超岩寺主者，有然灯贤等十一人，通称"调伏法呾特罗阿阇梨"。盖皆维持智足之统，专弘《胜乐》、《阎摩》、《明点》、《欢喜金刚》、《集密》等无上瑜伽者。超岩外之密乘学者亦不少，如寂友之通前三部，觉密、觉寂之通前三部而特精"瑜伽部"，皆其著者。第七世摩醯波罗王时，毗睹波始传来《时轮金刚》，其徒时轮足弘之。密乘之学，发展至至矣尽矣。十一世茶那迦王之时，名德济济，超岩极一时之盛，有"六贤门"出。六贤门者，东则宝作寂；南则智生慧；西则自在语称；北则那露波，次以觉贤；中则宝金刚及智吉祥友。六贤皆博晓五明，专弘密乘，于无上瑜伽之"胜乐"，尤所致意。其后座主之佼佼者，有阿提峡师资、那露波师资等，以十七世罗摩波罗王朝之无畏现护为斯学之殿军。王朝多故，教界落寞，余势已奄奄欲息矣！

综观秘密教发展之势，即鬼神崇拜而达于究竟。事部本为次第错杂之传出，后人尝董理而统摄之，分佛部（上）、莲花部（中）、金刚部（下）之三部。佛部以释迦为部尊，文殊为部主；莲花部以阿弥陀为部尊，观世音为部主；金刚部以不动为部尊，金刚手为部主。虽意在融摄鬼神，而尊卑之势犹存。此三部，就其所重而言之，则佛部为解脱相之佛；莲花部为慈悲相之菩萨；金

刚部为忿怒相之鬼神。世人之所崇事,唯此三类而已。此亦即
以释迦文殊之大乘深智,融西(北)方弥陀、观音之慈悲柔和,东
(南)方不动、金刚手之方便雄猛也。行部承之,综合为三部,然
佛部之释迦,转化为在家菩萨(天人)相之大日如来,秘密教为
之一变。化出家佛为在家佛,以为重人可,以之为重天尤当。其
曼陀罗中台作八叶莲花形以象心,中为大日如来,四方为四佛。
瑜伽部即五方五佛说而开为五部——如来、宝、莲花、业、金刚。
其曼陀罗依月轮心中五智成五佛,一一出三轮身。即以大日
(中)、不动(东)、宝生(南)、弥陀(西)、不空(北)——五佛为自
性轮身。普贤、文殊、虚空藏、观自在、金刚业——五菩萨为正法
轮身。不动金刚、降三世、军荼利、六足(即阎摩德迦)、大夜叉
金刚——五大明王为教令轮身。行部以三而启五,瑜伽部明五
以含三。以如来部为最胜,而如来为在家菩萨形;僧俗之形虽
倒,人鬼之叙未失也。嗣以学者特重金刚之调伏,乃流出"集
密"、"胜乐"、"阎摩"等无上瑜伽。然诸部独立,颇有无统之感。
或谓五部统以金刚持之第六部,即以金刚持为最胜;亦即离去天
人相之菩萨,而以鬼神夜叉之忿怒身为所崇,秘密教又一变。或
谓波罗王朝时,国难教难相逼俱来,故特重金刚之雄猛法以制
之。教法当机,义或近之。虽然,国难教难,五大金刚其能救
之乎!

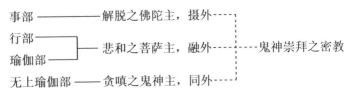

第三节　秘密教之特色

密教多特色，承固有之倾向而流于极端者有之，融摄外道者有之。若以一言而罄无不尽者，则以"世间心为解脱"是已。信师长达于极端，即自身妻女亦奉献而不疑。师命之杀，不敢不杀；命之淫，不敢不淫，此婆罗门所固有（读《央掘魔罗经》可知），后期佛教所取用者也。佛斥外道之事火，而教以事根本火（供养父母）、居家火（供养家属）等。密乘学者又转而事火（护摩）：求子、求财、求寿、求官，一切无不于火中求之，而酥、蜜、衣服、珍物，悉举以供火之一炬，将以求其大欲也。佛世以依教奉行为最胜之供养，佛后亦供以灯明香花等而已。密教以崇拜者为鬼神相，其供品乃有酒肉。有所谓"五甘露"者，则尿、屎、骨髓、男精、女血也。更有"五肉"者，则狗肉、牛、马、象及人肉也。以此等为供品而求本尊之呵护，亦可异矣。且置此等琐屑事，试一言其要义。一、心余力绌之天慢：密教以修天色身为唯一要行，念佛三昧之遗意也。自佛天合化，佛菩萨既示现天神身，龙鬼夜叉亦多天而实佛菩萨之示现。观此天等之相好庄严，此自世俗假观来。"观身实相，观佛亦然"，观己身、天（即佛之示现）身之实性，此自胜义空观来。此二观，初或相离而终复合一，以身语意三密修之，即手结印契，口诵真言，意观本尊之三昧耶、或种子、或本尊之相好，求佛天加持而有所成就。若直观佛相，观成而佛为现身说法，显教大乘亦偶有之。然秘密者意不在此，虽或前起本尊，而要在信自己为本尊，观己身为本尊，本尊入我中，我入本尊中,相融相即而得成就。天慢者,即以佛菩萨自居。此由他力念佛之渴望救护,自力念佛之我佛平等,极卑极慢之综合,而以三密行出之。一切法真常本净,不应妄自菲薄,应有坚强之天慢。自身即佛,而未尝不自感其无能,乃唯求本尊之三密加持。质言之,信得自身即佛,而求诸佛三密加持力以实现之。此与初期大乘经论,信有成佛之可能,而但可于智深悲切之大行中得之,精神之相去远矣!秘密者修天慢而即身成佛,如乞儿以富有自居,衣食不给,乃卑辞厚颜以求富翁之赐予,俾与富人共乐耳!何慢之有? 二、厌苦求乐之妙乐:出家声闻弟子,视五欲如怨毒,以"淫欲为障道法",固非在家弟子所必行。然以性交为成佛之妙方便,则唯密乘有之。"先以欲钩牵,后令入佛智",大乘摄化之方便。方便云者,且以此引摄之,非究竟,亦非漫无标准也。或者谬解"以乐得乐",乃一反佛教之谨严朴质,欲于充满欲乐中,成就究竟佛果之常乐。欲界欲乐中,淫乐最重,或者乃以此为方便,且视为无上之方便。惟是淫欲为道,密宗之旧传我国而流入日本者,犹未尝显说,故每斥无上瑜伽之双身法为左道密教。然特弘无上瑜伽之西藏喇嘛,则矜矜以妙法独备于我已。平心论之,此即"欲为方便"之极端,固于前三部见其绪矣。所崇事者,天身之佛。天有明妃(天后),佛亦仿之而有"佛母"、"明妃",此即与"方便(悲行)为父,般若(智慧)为母"之大乘义相杂。金刚以表雄猛折伏,莲花以表慈和摄引,亦一转而为生殖器之别名。密教所崇事之本尊,无不有明妃。"事部"则彼此相顾而心悦,"行部"则握手,"瑜伽部"则相拥抱,"无上瑜伽"则交合:此固顺欲界欲事之次第而成立者。前三部虽有相视相抱事,而行者每以表悲智和合等解之。然无上瑜伽则付之实行;衡以密者之说,则"三昧耶"为表象,"法"为观想,"业"为实行,固表象独是而观想实行之非耶? 以秘密教之发展观之,固不达此不止。吾人以秘密教为佛之梵化神化则可,尊信前三部而不信无上瑜伽则不可。何有智者,誉病入膏肓为健康,而归死亡之责于临终一念也! 无上瑜伽者以欲乐为妙道,既以金刚、莲花美生殖器,又以女子为明妃,女阴为婆伽曼陀罗,以性交为入定,以男精、女血为赤白二菩提心,以精且出而久持不出所生之乐触为大乐。外眩佛教之名,内实与御女术同。凡学密者必先经灌顶,其中有"密灌顶"、"慧灌顶",即授受此法者也。其法,为弟子者,先得一清净之明妃,引至坛场。弟子以布遮目,以裸体明妃供养于师长。师偕明妃至幕后,实行和合之大定,弟子在外静听之。毕,上师偕明妃至幕前,以男精、女血(甘露)即所谓"菩提心"者,置弟子舌端。据谓弟子此时,触舌舌乐,及喉喉乐,能引生大乐云。以尝师长授与之秘密甘露,名"密灌顶"。尝甘露味已,去弟子之遮布。为师者以明妃赐与弟子,指明妃之"婆伽"而训弟子曰:此汝成佛之道场,成佛应于此中求之。并剀切诲以一切,令其与明妃(智慧)入定,引生大乐,此即"慧灌顶"。《欢喜金刚》云:"智慧满十六,以手相抱持,铃、杵正和合,阿阇黎灌顶",即此也。经此灌顶已,弟子乃得修无上瑜伽,其明妃可多至九人云。西藏宗喀巴似有感于此道难行,故于无上瑜伽之双身法,自灌顶以至修行,多以智印,即以观想行之,然余风犹未尽也。解脱是所求,欲乐不欲弃,厌苦求乐而不知乐之即苦,乃达于淫欲为道。或云:印度有遍行外道,于性交为神秘之崇拜,佛

教之有此,欲用以摄此外道也。三、色厉内荏之忿怒:应折伏者
则折伏之,菩萨之行也。密乘行者,特于无上瑜伽,其崇事之本
尊,无不多首、多手、多角,脚踹口咬,烈焰炽然,兵戈在握,虽善
画鬼者,亦难设想其可畏也。然以予视之,大丈夫一怒而安天
下,犹非面目狰狞之谓,而况菩萨之雄猛乎! 龙树菩萨引偈云:
"若彩画像及泥像,闻经中天及赞天,如是四种诸天等,各各手
执诸兵仗。若力不如畏怖他,若心不善恐怖他,……是天一切常
怖畏,……是故智人不属天。"力不如则失雄威,心不善则失慈
悲,其不堪崇事,固明其也。密乘者以学出龙树自居,而以狰狞
之天形为所崇,不亦可以已乎! 总之,秘密者以天化之佛、菩萨
为崇事之本,以欲乐为摄引,以狰狞为折伏,大嗔、大贪、大慢之
总和。而世人有信之者,则以艰奥之理论为其代辩,以师承之热
信而麻醉之,顺众生之欲而引摄之耳。察其思想所自来,动机之
所出,价值之所在,痼疾其可愈乎!

第四节　印度佛教之衰亡

佛元八世纪以来,佛教外以婆罗门教之复兴,于具有反吠陀
传统之佛教,予以甚大之逼迫。内以"唯心"、"真常"、"圆融"、
"他力"、"神秘"、"欲乐"、"顿证"思想之泛滥,日与梵神同化。
幸得波罗王朝之覆育,乃得一长期之偏安。然此末期之佛教,论
理务琐屑玄谈,供少数者之玩索;实行则迷信淫秽,鄙劣不堪!
可谓无益于身心,无益于国族。律以佛教本义,几乎无不为反佛
教者! 闻当时王舍城外之尸林中,密者于中修起尸法(可以害

人)者,即为数不少。佛教已奄奄一息,而又有强暴之敌人来。佛元十四世纪初,阿富汗王摩诃末,率军侵略印度,占高附而都之。回教渐渗入印度内地,相传侵入者凡十七次;每侵入,必举异教之寺院而悉火之。佛教所受之损害,可想见也。于是恒河、阎浮河两岸,西至摩腊婆,各地之佛徒改信回教者日众。其佛教仅存之化区,惟摩竭陀迤东耳。迨波罗王朝覆亡,回教之侵入益深,渐达东印,金刚上师星散。不久,王室改宗。欧丹多富梨寺及超岩寺先后被毁,即仅存之那烂陀寺亦仅余七十余人。佛教灭迹于印度大陆,时为佛元十六世纪。佛教兴于东方,渐达于全印,次又日渐萎缩而终衰亡于东方。吾人为印度佛教惜,然于后期之佛教,未尝不感其有可亡之道也!

第十八章　印度佛教之回顾

千六百年之印度佛教，师弦中绝，寂寞无闻。披陈简而怀往事，未尝不感慨系之。衰亡以来，七百年于兹，佛教犹遍行于亚洲之黄色民族间，不失为黄族共信之宗教，佛弟子亦可以自慰矣！今之世，世局混乱，东方民族复苏之秋也。于此黄族文明之重镇，其不容漠视，当不仅佛弟子已也。为印度佛教之观察者，不仅知之，而尤要于知其所以兴替者。不为其所蒙，不阿其所好，知其本而识其变。必如是，而后信解之可，批评之无不可。否则信者认贼为父，实不足以言信佛；批评者逐影狂吠，亦徒乱视听而已！

佛教之兴衰，自其传布于印度者言之，则以孔雀王朝为极盛。虽教化初及于南北，未足以言深入，然一跃而为印度之国教，导达群方，五印一家，实佛教从来所未有！中印法难后，已不足言此矣。就其思想之发展言之，则初以大乘入世倾向之开展，而演为学派之分流；分流又综合，大乘佛教乃确立。虽以婆罗门学者之治佛法者多，内蕴神化之机；为现实政教所限，大乘无僧；然大体言之，不失为达磨正常之开发也。笈多朝兴，真常、唯心之说盛，已不足言此矣！佛教之盛极而衰，渐失淳源而变质，外来之教难，为其一因。佛教适应反吠陀之潮流而创立者，颇为吠陀文化之雅利安人所不满，酝酿为熏迦王朝之毁佛。自尔以来，印度教凭其千百年来雄厚之潜力，在在与佛教争。理论之辩难而外，常利用外族入寇之政治形势以排佛。其甚者，戒日王信佛，婆罗门出之以行刺。佛坐菩提树下成佛，于拘尸那入涅槃，设赏迦王竟伐菩提树而毁拘尸那为空墟。佛教所受之损害，实不堪回首！匈奴族之毁佛，动机为寺院财产之掠夺。以思想之冲突，兼货利之劫掠者，则回军之入寇是矣。历受无限之摧残，佛弟子之心境，间失其中道之常轨，佛教于是大变矣。

敌者之摧残，不足为佛教害，受吠陀文化之熏染，则佛教致命伤也。传说魔王面佛时，宣布其反佛教之决心，历举种种方法，佛答以不能损正法之一毫。魔末谓：吾将衣汝衣，食汝食，入佛教而行我旧法，佛为之瞿然而惊。受反佛教精神之熏染，外若佛教，而实非法非律。"师子身中虫，自食师子肉"，虽以师子之雄猛，亦且无如之何！印人薄于史地之观念，故思辨深入而事多疏失，佛教弘布其间，亦未能免此。初以释尊根本圣典之赅摄未尽，又博采而补苴之。然以事凭传说，乏精密之考订，故于是否佛说，仅能以"法印"辨别之。由是而天、龙、夜叉宫中之佛法源源而来，非之则颇有符合佛说者在，是之则又多少异。后后承于前前，积小异为大异，驯致以"真常"、"大我"，代"诸行无常"、"诸法无我"；以恒常妙乐，代"涅槃寂静"；以怖畏之天神，代和蔼之佛矣。即今日而欲为之指证真伪，亦几乎难能！唯可以初出者为本而研究之，窥其基本之思想，而后以之衡一切耳！

印人之思想多偏激，偏激非如实彻底之谓，强调、夸大而达于极端是也。见之于行为，淡泊自励者，流于残酷之苦行；声色自娱者，流于纵欲之狂逸。见之于神格，《吠陀》之赞诗，辄以尽善尽美以赞一神，又即以此赞别神，以是杂乱无系，成所谓"交换神教"。极端思想之演化，即随举一神而崇事之，即等于一切。自生主、造一切者、祈祷主、原人等，演化为生主、为梵、为我，而其根本仍大同。释尊出世，反极端而唱中道，宜可以日有起色矣！惜释尊灭后，佛弟子即受其熏染而失中道：重律者，日务琐细而拘滞莫通；重法者，一切随宜，薄律制为事相。禅师昧教，浸假而不立文字；经师重说，日失其笃行之精神。其偏激之思想，泛溢于大乘佛教者尤多：无一大乘经而不以为究竟，无一修行法而不贯彻一切。偏激思想之交流，形成无可无不可，无是无非之圆融。于是乎佛天同化，邪正杂滥。余风及中国，禅者一棒一喝，罄无不尽；念佛者则"南无阿弥陀佛"六字，是一味阿伽陀药，无病不治。偏激夸大极，而无不自以为圆融也！请以人身喻之，人之所以为人，以其有五官、四肢、百骸之全也，必各当其分，各司其职，而后为健康，否则即残废毁灭耳！若自偏激而圆融之，则言目者，人非目不见，眼大于头，举人身之全而唯一眼可也。重手者，人非手不成，不妨手多于毛发，举全身而手之可也。举七尺之身，无一而非眼也，无一而非手也，即眼即手，无手不眼，圆融极而不自知其为偏激夸大也。一切因缘和合生，毕竟无自性，而缘起秩然不可乱，缘异则变，因异则灭，圆融者殆未之思也。以此为圣者境，为吾人所能达，悬为理想以求之犹可也；而拟议圣境之圆融论者，忘其自身为凡愚，不于悲心利他中求之，乃欲于"唯心"、"他力"、"神秘"、"欲乐"中求之。凡于平日之行事,无不好大急功,流于观望取巧也。彼必曰:"条条大路通长安","无一物而非药"也。孰知面墙而立者,昼梦冥游者,未足以语此。有居渝都而赴南岸午餐之约者,沿嘉陵江北上,出秦陇,绕道西伯利亚,过欧洲,经红海,历印度而至南岸,虽条条是路,其奈此路行不得何!无一物非药,其如屎尿不可以应万病何!圆融之病,深入佛教,或者以此为佛教光,而吾则耻之。或者以此为不执者,则又谤佛之甚者!

基于传说之纷歧,偏激之圆融,无可不可而"方便"之义大滥。释尊之创教,内具特有之深见,然以非适应时代根性,正法莫得而弘阐,乃于适应时代根性之方便中,唱中道之行,如实之理。于印度固有之一切,善者从之;犹无大害者,则姑存之,而予以新解释(如《杂含经》帝释与阿修罗之争)。藉方便而畅真实,然未尝无是非之辨也。方便,以时地之适应而需要,时移境易,则昔之为妙方便者,今则转为佛法之障。方便仅为导入真实之方式,偏赞方便,每陷于喧宾夺主之势。方便或有适应特殊而偶用之者,迨夸大而普遍之,无不成为反佛教者。大乘初兴,犹知"正直舍方便,但说无上道"。而后起者,惑于菩萨方便之胜于二乘,举一切而融摄之。不知时空之适应,不知主客之势,不知常轨与变例。彼"方便究竟"者,且举淫秽邪鄙为无上方便,遑论其余?佛教有谚云:"方便出下流。"吾于佛教之梵化,有同感也。嗟乎!过去之印度佛教已矣,今流行于黄族间之佛教又如何?殷鉴不远,勿谓圆融神秘而可以住持正法也!

附　　录

印度佛教大事年表

佛　　元	西　　元	中国历朝年代	印度王朝年代	印度佛教史实
第一世纪	**前四世纪**	周	摩竭陀悉苏那伽王朝	
元年第四月	前三八八年	安王十四年	阿阇世王即位第八年	王舍城第一结集。
	前三世纪		摩竭陀孔雀王朝（佛元六七——二〇四）	
一〇〇年顷	前二九〇年顷	赧王在位时	宾头沙罗王在位时	毗舍离第二结集,佛教初分大众、上座二部。
第二世纪				
一二八年	前二六〇年	五十五年	阿恕迦王灌顶第九年	迦王归依佛教。
一	一	一	一	华氏城比丘争五事,佛教分成四派。

佛　元	西　元	中国历朝年代	印度王朝年代	印度佛教史实
—	—	秦始皇帝在位时	—	王遣传教师布佛教于四方。
第三世纪	前二世纪	汉	摩竭陀熏迦王朝（佛元二〇四——三〇六）	
二〇四年	前一八四	吕后四年	补砂蜜多罗王初年	中印法难起,南北佛教转盛。
二二〇年顷	前一六〇年顷	文帝在位时	—	龙军比丘为北印弥兰王说法。
—			—	迦旃延尼子作《发智论》,妙音作《甘露味毗昙》,鸠摩罗陀作《喻鬘论》,西北印佛教分化。
第四世纪	前一世纪			
三〇一年	前八七年	武帝后元二年	—	师子国大寺与无畏山寺共诤,大寺始以巴利语写经。
			安达罗王朝南(佛元三六一——六二三)	
—	—	—	—	南中大乘佛教日盛。
			贵霜王朝北(佛元三六一——七〇〇顷)	

续　表

佛　元	西　元	中国历朝年代	印度王朝年代	印度佛教史实
第五世纪	第一世纪			
—	—	—	—	马鸣菩萨弘法中印,著《赖咤和罗曲》等。
第六世纪	第二世纪			
五三〇年顷	一四〇年顷	顺帝在位时	迦腻色迦王在位时	王信佛教,马鸣来北印,北方大乘渐盛。
—	—	—	—	迦湿弥罗论师编《大毗婆沙论》,一切有说大成。
—	—	—	—	龙树菩萨著《中论》、《智论》,弘性空大乘。
第七世纪	第三世纪	魏		
—	—	—	—	提婆菩萨著《百论》,广破外道。
—	—	—	—	达磨多罗贯通有部东西二系,著《杂心论》。
—	—	—	—	诃梨跋摩集譬喻及大众分别说义,著《成实论》。
第八世纪	第四世纪	晋	笈多王朝(佛元七〇八——九二八)	

续　表

佛　元	西　元	中国历朝年代	印度王朝年代	印度佛教史实
—	—	—	—	室利逻多著《经部毗婆沙》。
—	—	—	—	无著承弥勒学，出《瑜伽论》等，于西方弘虚妄唯识论。
七四〇年顷	三五〇年顷	—	—	罗什游学罽宾。
—	—	—	—	世亲折中说一切有系，作《俱舍论》。
—	—	—	—	世亲归大，作《十地论》等。
—	—	—	—	众贤作《顺正理论》，破《俱舍》以救《婆沙》。
—	—	—	—	坚慧著《宝性论》，于东方弘真常唯心论。
—	—	—	—	增建那烂陀寺，渐为大乘中心。
—	—	—	—	秘密教渐行。
—	—	—	—	觉音赴锡兰，铜鍱部由此转盛。
	第五世纪			
七九三年	四〇五年	安帝义熙元年	旃陀罗笈多二世在位时	晋法显至。
第九世纪		宋、齐		

续　表

佛　元	西　元	中国历朝年代	印度王朝年代	印度佛教史实
一	一	一	一	安慧作《中论释》,启空有之争。
一	一	一	一	陈那著因明七论,因明大成。
一	一	一	一	清辨弘性空于南印,著《掌珍论》等,空有之争始烈。
	第六世纪	梁		
八九七年顷	五〇九年顷	武帝天监年	那罗新哈笈多在位时	匈奴王密希拉古拉摧残西北印佛教。
第十世纪				
一	一	一	一	护法著《三十唯识论释》。
		陈、隋	伐弹那王朝(佛元?——一〇三四)	
一	一	一	一	龙智盛弘秘密教。
一	一	一	一	月称于中印大弘空宗。
九八〇年顷	五九〇年顷	文帝开皇年	波罗羯罗伐弹那王在位时	设赏迦王西侵,排斥中印佛教。
	第七世纪			
一〇〇〇年顷	六一〇年顷	炀帝大业年	曷利沙伐弹那王时(戒日)	中印佛教复兴,戒贤于那烂陀寺弘《瑜伽论》。

佛　元	西　元	中国历朝年代	印度王朝年代	印度佛教史实
第十一世纪		唐		
一○一九年	六三一年	太宗贞观五年		唐玄奘至。
一	一	一	一	法称再兴因明。
			波罗王朝（佛元一○四八——一五二七）	
一	一	一	一	南北佛教并衰。秘密教盛行。
一○五○年顷	六六○年顷	高宗在位时	瞿波罗王在位时	唐义净至。
第十二世纪	第八世纪			
一	一	一	达磨波罗王在位时	始建超岩寺，为秘密教中心道场。
一	一	一	一	师子贤弘《现观庄严论》。
第十三世纪	第九世纪			
一	一	一	摩醯波罗王时	毗睹波传出时轮金刚，密教乃备。
第十四世纪	第十世纪	宋		
一	一	太祖在位时	荼那迦王在位时	超岩寺六贤门出。

佛　元	西　元	中国历朝年代	印度王朝年代	印度佛教史实
第十五世纪	第十一世纪			
第十六世纪	第十二世纪		斯那王朝（佛元一五二七——一六〇〇年顷）	
一	一	宁宗在位时	一	回教侵入东方，王朝覆亡，佛教受毁，未几而亡。

重版后记

《印度之佛教》,是一九四二年写作的,也是我第一部出版的作品。四十多年来,一直没有再版,这是多少使人感到有点意外的,其实也只是因缘而已。

这部书在重庆出版。那时的抗战后方,一般印书是不容易得到白报纸的。生报纸薄而脆,容易碎裂;熟报纸要坚韧些,但又粗又厚,也不理想,当时就是用这两种纸印的。抗战胜利了,觉得这种纸张的书不会受人尊重,所以一九四六年春,只带了二十册熟报纸本离川。经历了西安、开封、武昌,回到上海、杭州、宁波,这二十本书也就差不多了。从香港到台湾,连自己仅有的一册,也不知给谁借去而失了踪。在香港时,一直在出版新的作品,没有想到这本书的再版。来台湾以后,一直忙着讲经、出国、建道场,还有疾病,"在佛法的进修来说,这是最松弛的十二年"。没有有分量的新的作品,也就没有想到连自己都没有保存了的《印度之佛教》。所以这一期间,很少有人知道我曾写过这部书的。

一九六六年,为了写《说一切有部为主的论书与论师之研究》,想参考这本书,知道道安老法师有一本,特地向他借来参考。也就在《说一切有部为主的论书与论师之研究》的序文中，说到了这部《印度之佛教》："这部书，是用文言写的，多叙述而少引证，对佛教史来说，体裁是很不适合的。而且，空疏与错误的也不少。……我要用语体的，引证的，重写一部。"这是当时（闭关以后）的决定，觉得文言文写的，对现代一般读者未免困难了一点。这是印度佛教史，着重于佛法流变的思想史，只说这样那样，很少引证，引证的也没有注明出处，这是不能为现代学者所能接受的，所以决定重写，并且分写为多少部。还有，在大乘佛法中，本书分为"性空唯名"、"虚妄唯识"、"真常唯心"三系。前二者，也就是一般所说的"中观"与"瑜伽"，都重于论义。古代的论师，有思想上的传承：对于众多的经文，有整理与抉择，有批评也有融会。但在传统的信仰中，又都表示是依经而造论的。这点，在《空有之间》——答复王恩洋居士对本书的批评时，已说明了依经立论。但在本书，对于前二系论义，显然地没有注重到经典。第三"真常唯心"，在经典中，本重于"胜义自性"——真如、法界，佛身常住，而在众生位上，点出真常本有，与自性清净心合一。起初，都是经说（有些是论式的经），仅有的《宝性论》，也重于自性清净的转依为离垢清净。这一真常心的经义，虚妄唯识者早就有了接触，而多少修正它。但在流行中，真常心与虚妄识相关联，而有"如来藏藏识心"——《楞伽》、《密严》等集出。本书称之为"真常唯心论"，其实还是尊重"虚妄唯识"者的部分内容（所以《成唯识论》也还引《楞伽》、《密严》为经证）。真常心的特质是真常我，在佛法的演化中，达到众生本来是佛，众生即佛。末了是意解为"本初佛"，有本为一佛，一切为佛所显现的意义，这是更梵我化了！对这些，还没有能明确地表示。所以不想重版，想分别地写为多少部，而对本书有所修正，有所补充。写了《说一切有部为主的论书与论师之研究》，又写了《原始佛教圣典之集成》。一九七一年夏，我将过去的一般作品（或记录）编为《妙云集》。将《印度之佛教》的第一章"印度佛教流变概观"、第十七章"密教之兴与佛教之灭"，分别编入《妙云集》的《佛教史地考论》、《以佛法研究佛法》。大概从此以后，《印度之佛教》这部书，知道的人渐渐多了，但书是没有流通的，连我自己也没有。

　　决定不再出版，怎么又要重版呢？第一，想分写为多少部，而二十年来，在说到过的两部以外，只写了《初期大乘佛教之起源与开展》、《如来藏之研究》、《空之探究》。体力越来越差，怕难有大部的写作。想到《印度之佛教》，到底是始终条理，表示了印度佛教的演变过程，指出了抉择取舍的明确标准。在我的其他作品中，还没有足以代替的。虽然文字、体裁、内容不完全理想，还是有值得重印的意义。第二，有些人要读。约在一九七四、七五年，蓝吉富居士在佛光山，油印多少部给同学们参考，原书可能是常觉法师提供的。一九七八年春，台北研究佛学的青年缁素重版了一次。今年，圆光佛学院的同学又重版一次。他们的重版，当然是分赠有缘而不是销售的。一九七八年重版时，不知哪一位写的"重版前言"这样说：

　　《印度之佛教》为印顺老法师早年于大陆出版的第一部著作，时值动乱，故流传不广；来台之后，始终未尝再版，故鲜为后学者所知。近年，有得旧本而抄之者，时有托借复印，展转传告，求托复印者日众，而原作者无意再版，奈何！

本书予吾人对印度佛法流传之递变以提纲挈领之认识，出吾人于摸索附会之深坑，示吾人学佛之正途，免学者之枉劳，可谓开吾人眼目者，较诸一般，究非凡响。而求者日众，必难以任其湮灭，故有私下重版之议。

"本书未必普遍为人信受"，但抄写的、复印的、私下重版的，看来是终究非出版不可的。这部书在重庆初版，脱落、错误、前后颠倒的就不少。再经抄写、重印，也难免有误。有些错误，连我自己都想不出原文是什么。那不如自己来重加校正一下；表式排得不理想的，也加以改善。既有人要读，总得校印一部比较好的本子，使读者读起来方便些。这样，就决定重版流通。

在文字的改正、表式的改善以外，在本书的某些章节中，加上附注。这因为，本书是叙述而少引证，引证也没有说明出处，所以加上附注：这一节、这一段，可参阅我所作的其他作品。这些作品，对某些论题，都引证而注明出处。这样，可以补足本书的部分缺点。还有，本书是四十多年前的作品，现在看来，有些是应该修正的，如十二分教、阿含经的集出、有部内在的三系等。注明参阅某书，凡所说而与本书不同的，就应该依据这些后出的作品来改正。这样，也可以减少因读本书而引起不完善的见解。

本书"自序"中说："僻处空山，参考苦少，直探于译典者多，于时贤之作，惟内院出版之数种，商务本《印度佛教史略》、《印度宗教哲学史》而已。"我想在这里补充几句："译典"是清刻的"大藏经"；法尊法师从藏文译出的《菩提道次第广论》、《密宗道次第广论》、《入中论》。与支那内学院有关的，是吕澂的《杂阿含经刊定记》(《内学》第一辑)、《阿毗达磨泛论》(《内学》第二辑)、《西藏佛学原论》(商务本);何载阳的《南传小乘部执》(《内学》第二辑);刘定权的《经部义》(《内学》第二辑);吕澂等合编的《诸家戒本通论》(《内学》第三辑)。还有日人寺本婉雅译注的多罗那他《印度佛教史》,这是西藏传说的,特别是后期的印度佛教,有很好的参考价值。这本书是留日学僧墨禅法师的。抗战军兴,墨师到武昌来,我向他借了这本书。不久,他去了香港。等到抗战胜利回来,知道墨师已在上海去世。这本书,就这样的"久借无归",成为我的书了。

沉隐了四十年的《印度之佛教》,忽而重版,多少有点意外。其实,意外的事多着呢!《印度之佛教》初版时,也曾有过非常的意外。当时,我住在合江深山的法王寺,由住在重庆的蒙君仁慈,负责出版事宜。他与出版商谈妥了,预付一笔印刷费,开始排版、校对。消息传到山上,大家非常欢喜。半个月以后,送稿校对的事停止了。蒙君怎么催,也没有效果,后来竟渺茫到原稿也不知在哪里了!消息传来,说不出的着急,着急也没有用,只有一再写信给蒙君,急急地追索了。沉闷了一个多月,好消息忽然传来,有人负责承印,并已开始送稿。后来才知道:蒙君接洽的出版商自己没有印刷厂,转交另一印刷厂承印,当然他要取得一分利益。那时(一九四三年),通货膨胀加速,负责排印的工厂觉得没有利润可得,所以排了多少版(与他收到的款项相当)就停止了,也就是不想做这笔生意了!后来,非常意外的(我想,可能是承包商将原稿到处去接洽),这份原稿落在属于军部的一个印刷厂主管的手里。这位主管曾经出家,在国民革命期间,参加了革命行列。他见到这份原稿,觉得有不同平常的内容,凭他对佛法的一分信心,决意由他来负责完成这部书的出版。价钱依旧,可说为佛法服务,工厂是没有利润可得的。就这样,《印度之佛教》终于出版了。一九四四年夏,我回缙云山,路过重庆,特地约这位主管见面,表示我对他深深的谢意。意外的事,我说是不可思议的因缘,在这意外的重版时刻,顺便记下了这一段因缘。希望读者有这样的感觉,《印度之佛教》能与大家见面,从过去到现在,都是有点意外的!

一九八五年七月五日,印顺记。